KB117488

나의 하루는 세 번 시작된다

# 나의 하루는 세 번 시작된다

유근용 지음

30대 배달 알바에서
100억 사업가가 된
초성장의 비밀

다산북스

# 결핍을 성장 에너지로
# 바꾸는 방법

나는 성공할 수밖에 없는 사람이다. 내가 그렇게 생각하기 전에 사람들이 먼저 나에게 "용쌤은 성공해야 할 사람이에요"라고 말해주었다. 그리고 실제로 나는 현재 13개의 사업체를 운영하는 CEO이자, 100억 대의 자산을 이룬 투자자이자, 블로그·유튜브·인스타그램을 통해 구독자 20만 명과 소통하는 인플루언서다.

하지만 30대 초반까지만 해도 나는 결핍덩어리였다. 속된 말로 불행 배틀을 하면 웬만한 사람은 다 이길 수 있을 정도였다. 말도 제대로 못하는 어린 나이에 학대를 겪은 사람을 불행으로 이길 수 있는 사람은 많지 않을 것이다.

방황하며 10대를 보내고, 학교 선생님의 설득에 못 이겨 입학금만 내면 합격시켜 준다는 지방 전문대에 들어갔지만 게임 중독에 빠져 허송세월했다. 20대 중반부터 30대 초반까지는 이런저런 일을 벌이기만 했다. 블로그를 하고, 책을 쓰고, 독서 모임을 열고, 영어 강사를 하며 억대 연봉을 받아보기도 했지만 결국 서른두 살에 맥도날드에서 배달 알바를 하고 있었다.

나에겐 돈도 없고 끌어줄 사람도 없고 스펙도 없었다. 내게 있는 것은 '시간'과 한번 시작한 일은 끝까지 해내고야 마는 초인과 같은 '열정'뿐이었다. 그리고 군대에서 익힌 독서 습관만은 게을리하지 않고 끝까지 붙들었고, 책에서 얻은 지식과 노하우를 내 인생에 적용하는 것만은 꾸준히 했다. 이렇게 쌓은 경험들이 성공의 밑바탕이 되었다.

영어 강사를 했던 경험을 살려 매년 150회 이상의 자기 계발과 부동산 관련 강의를 하고 3만 5000명 이상의 수강생을 배출했다. 블로그 마케팅을 했던 경험으로 블로그, 유튜브, 인스타 등 다양한 채널에서 20만 명의 팔로어를 가진 인플루언서가 되었다. 또한 꾸준히 기록을 남겨 10권 이상의 책을 출간했고, 누적 판매 부수는 10만 부가 넘는다. 그리고 다양한 분야의 책을 읽은 경험을 바탕으로 부동산 투자에 뛰어든 지 6년 만에 5700만 원의 종잣돈으로 100억 원대의 자산을 이루었다.

그 과정에서 내가 배우고 느낀 것들을 모두 이 책에 담았다. 부를 이루고 성장하는 방법뿐 아니라 내가 원하는 것을 성취하는 마음가짐과 태도 그리고 노하우를 나누고 싶었다.

나의 인생에서 가장 꾸준히 오래 해온 습관을 꼽자면 독서와 기록이다. 나는 지금까지 1500권 이상의 책을 읽었고, 15년간 150권의 노트에 나의 기록을 남겨왔다. 이 책은 그 기록에서 시작되었다.

이 책의 1장은 내가 무엇을 '기록'해 왔는지로 이야기를 시작한다. 나는 하루를 3등분으로 나누어 기록한다. 나에게 '하루'는 성공의 단위이기 때문에, 매일을 어떤 목표를 가지고 살아갈 것인가가 굉장히 중요하다.

내 인생은 군대에서 마주한 질문으로 바뀌었다. 그 질문에 답하기 위해 수많은 책을 읽으며 인생의 목표를 세웠고, 목표를 이루기 위해 시간을 쪼개어 치열하게 살았다. 그리고 이루고 싶은 목표와 해야 할 일을 잊지 않기 위해, 나의 성장을 체감하며 동기부여를 하기 위해 집착적으로 기록을 쌓아왔다.

1장에서는 내 인생을 변화시킨 질문이 무엇인지, 어떻게 목표를 정하고, 이를 어떻게 쪼개어 시간관리를 하는지, 이 모든 것을 효율적으로 할 수 있는 기록법은 무엇인지를 이야기한다.

2장에서 4장까지는 나의 하루를 따라가며 내가 이뤄온 성공의 경험을 나눈다. 나는 하루를 사업가이면서 투자자 그리고 크리에이터로 살고 있다. 이는 내가 걸어온 인생의 궤적과도 비슷하다(아이러니하게도 순서는 반대다).

나는 블로거로 시작해 나의 모든 노하우를 공유하며 영향력을 '확장'했다(4장). 이후에는 부동산 투자에 뛰어들어 지분 경매나 공동투자 등 새로운 투자법에 '도전'하고, 이를 반복해서 실천함으로써 자산을 불려 사업의 기반을 마련했다(3장). 마지막으로 사람들과의 관계를 통해 배우고 그들과 나의 가능성을 연결해 사업의 규모를 '성장'시켰다(2장). 즉 나는 내 삶의 사이클을 매일 반복하고 있는 것이다. 이 과정에서 얻은 노하우들을 '성장'(2장), '도전'(3장), '확장'(4장)이라는 키워드로 정리해서 나의 스토리와 함께 전한다.

마지막 5장에서는 나의 또 다른 습관인 '독서'에 관해 이야기한다. 나에겐 정말 아무도, 아무것도 없었기 때문에 목표를 정할 때나 동기부여가 필요할 때, 힘들 때도 항상 책과 함께했다. 책에 미쳐 있었던 몇 년 동안은 매일 한 권 이상 읽기도 했다. 내 기록의 대부분은 책과 관련된 것이라고 해도 과언이 아니다. 그렇게 10여 년간 독서를 해보니 책을 통해 나를 빠르게 성장시키는 방법에 대해서는 누구보다 자신 있게 말할 수 있다. 그 핵심을 가장 마지막에 담았다.

내 성공은 결핍에서 비롯되었다. 나를 움직이게 만든 힘은 결국 내가 그렇게도 벗어나고 싶어 했던 결핍에 있었다. 누구나 결핍을 느낀다. 나의 이야기가 누군가의 결핍을 채워주고 성장하는 데 도움이 되기를 진심으로 바란다.

책에서 계속 이야기하겠지만 도전할수록, 경험이 쌓일수록 성공 가능성이 커진다. 이 책에 적어도 한 가지는 마음에 와닿는 내용이 있을 것이다. 그것을 직접 실천해 보고 자신의 상황에 맞게 수정하면 자신만의 성공 법칙이 만들어진다. 그 원칙을 자신의 삶에 적용해 보길 바란다.

변화는 거기서부터 시작된다.

초인 용쌤, 유근용 씀

## 2장

# 성장의 하루:
# 자수성가도 혼자서는 불가능하다

## 3장
## 도전의 하루:
## 무수히 많은 성공의 점을 찍어라

# 4장

## 확장의 하루:
## 성공을 나눌수록 내 영향력은 커진다

## 5장
# 성공을 가속화시키는 초성장 독서법

## 1장

하루를
세 번 사는 남자,
유근용입니다

——————— 20대 중반에 나는 통신사에서 해지 방어 업무를 담당하는 상담사로 일했다. 돈을 벌어야 하니 여기저기 기웃거리다 얻은 일자리였다. 처음에는 무조건 열심히 했다. 그 결과 최고 실적을 내며 인정받을 수 있었다.

더 높은 자리로 올라갈 생각에 뿌듯했다. 그도 잠시 상사의 모습을 보니 아무리 해도 장밋빛 미래가 그려지지 않았다. 열심히 노력해서 승진해 봤자 더 어렵고 힘든 클레임을 처리할 뿐임을 깨달았기 때문이다. 그때 회사를 그만둬야겠다는 생각이 들었다. 이 일은 내가 원하는 일이 아니었다.

나는 많은 일을 해보고 또 그만큼 많은 일을 그만두었다. 그럴 때마다 나는 스스로에게 물었다.

어떤 사람이 되고 싶은가?

어떻게 살아야 하는가?

어떤 삶을 살고 싶은가?

이 질문에 대한 답에 따라 나는 늘 새로운 일에 도전했고, 목표를 점검했다. 그리고 그 하나하나의 도전과 경험이 지금의 성공에 밑거름이 되었다.

# 하루를
# 3일처럼 사는 법

나는 하루를 세 번 산다. 각각의 시간대마다 다른 직업으로 활동한다. 오전의 나는 13개의 법인을 운영하는 기업가다. 오후에는 100억 원대의 자산을 가진 부동산 투자자이자 경매와 공매를 전문으로 가르치는 강사다. 밤이 되면 기업가인 나와 투자자인 나의 노하우를 블로그, 유튜브, 인스타그램 등을 통해 공유하는 크리에이터가 된다. 이렇게 나는 하루를 3등분해서 세 가지 삶을 살고 있다.

시간은 모두에게 똑같이 주어진다. 어떻게 활용하느냐에 따라 그 시간을 늘릴 수도 줄일 수도 있다. 나에게 하루는

24시간이 아니다. 72시간 혹은 그 이상이다.

> 1) 오전 6~10시: 사업가로서 성장의 하루
>
> 2) 오후 1~6시: 투자자로서 도전의 하루
>
> 3) 밤 9~11시: 크리에이터로서 확장의 하루

# #성장의_하루

내 하루를 좀 더 자세히 설명하자면, 보통 5시 50분에 일어난다. 미국 주식에도 투자를 하고 있어서 장이 마감되는 아침 6시 직전에는 기상을 해야 한다. 주가가 떨어지면 매수한다는 원칙에 따라 주가를 확인한 후 투자를 결정한다.

6시 반에 출근한 후에는 13개 사업체의 업무를 한다. 우선순위를 정해 급하고 중요한 일들을 먼저 처리한다. 생각할 게 너무 많아서 아침은 정신 없이 지나간다. 10시쯤 되면 공식적인 업무가 끝난다. 몇 개월 전에는 첫째와 둘째 아이 등원도 내가 맡아서 9시 전에 하루 업무를 끝내야 했다. 그나마 그때보다는 여유가 있는 셈이다. 업무 속도가 예전과는 차원이 다르게 빨라졌기에 가능한 일이다. 중요한 일을 먼저 해결하니 실수가 줄었고, 시간에 쫓겨 잘못된 판단을 내리는 일도 없어졌다.

오전은 나에게 소중하다. 아직 시행착오를 겪고 있는 나라는 사업가가 성장하는 시간이기 때문이다. 나와 내 사업은 사람들과의 관계를 통해 발전했다. 내가 읽었던 책 속의 사람들, 직접 만났던 사람들에게 많은 것을 배웠고, 그 사람들과 연결을 통해 내 사업은 성장했다.

또한 오전의 업무 시간은 그동안 내가 해온 여러 좋은 루틴들이 빛을 발하는 시간이기도 하다. 책을 통해 얻은 습관들을 활용해 업무 효율을 높일 수 있었다. 이 모든 성장의 밑바탕에는 사람과 책이 있었다.

## #도전의_하루

점심을 먹고 나서는 일주일에 두 번 PT를 받는다. 건강은 중요하다. 건강을 잃으면 부도 명예도 모두 부질없다. 그리고 나면 투자자로서의 하루가 시작된다. 새로운 일에 도전하는 시간이다.

사람들을 만나서 새로운 사업에 대한 영감을 얻기도 하고, 부동산 임장을 다니며 새로운 투자처를 찾기도 한다. 때로는 혼자 조용히 시간을 보내며 사업 계획을 세우거나 책을 보기도 한다. 그러다 보면 번뜩이는 아이디어가 떠오를 때도 있고, 고민하던 일이 정리되기도 한다.

이제까지 나는 많은 일들에 도전하고 포기하고 다시 도전하는 일을 반복해 왔다. 20대의 내 인생은 방황의 연속이었지만, 그때의 경험들이 지금의 나를 있게 했음을 이제는 안다. 내가 행동과 반복을 강조하는 이유다.

# #확장의_하루

저녁 식사는 되도록 집에서 가족과 함께한다. 9시쯤 아이들을 씻기고 재운 후엔 다시 사무실로 간다. 그날 했던 메모와 생각들을 인플루언서로서 SNS에 기록하기 위해서다. 블로그에 글을 쓰거나 유튜브 영상을 촬영한다.

나는 내가 아는 모든 지식을 SNS를 통해 공유한다. 공유의 힘을 믿기 때문이다. 블로그 덕에 책을 출간하고 강의를 시작했다. 심지어 블로그 마케팅을 통한 인연으로 프러포즈도 할 수 있었고, 그 요트 프러포즈 회사에 취직도 했다.

동영상의 힘을 체감하고 나서는 블로그뿐만 아니라 유튜브에도 경매와 공매 투자 노하우를 올리고 있다. 최근에는 틱톡도 시작했다. 다양한 SNS를 통해 나의 콘텐츠를 퍼뜨리는 것이 내 영향력을 넓히는 길이라는 걸 알기 때문이다. 나의 콘텐츠로 도움을 받는 사람이 많아질수록 내가 할 수 있는 일은 더 많아진다.

11시쯤 집에 돌아오면 잠시 쉰다. 아내와 넷플릭스를 보기도 하는데 한 시간은 넘기지 않는다. 위가 좋지 않아 소화를 돕기 위해 러닝머신으로 30분 정도 달린 다음 씻고 침대로 들어간다. 이렇게 내 하루가 끝난다.

나의 오늘은 이제껏 내가 걸어온 과거의 축소판이다. 내가 보내는 하루하루가 모여 내일의 내가 만들어진다. 나에게 성공의 단위는 바로 '오늘'이다. 내가 이렇게 하루를 쪼개어 바쁘게 사는 이유다.

이런 내 모습을 보고 "그렇게 살면 무슨 재미가 있냐"

"그렇게 살다가 번아웃 온다"라고 말하는 사람도 있다. 그러나 내가 한 일의 성과가 눈에 보이면 절대 지치지 않는다. 열심히 한 만큼 무언가가 만들어지고, 내가 얼마나 성장했는지 느낄 수 있다면 번아웃은 오지 않는다.

그렇다면 내가 성장했다는 것을 어떻게 느낄 수 있을까? 목표를 정하면 된다. 목표를 정하고 그 과정을 작은 목표로 다시 나누어 하나씩 이루어나가다 보면, 어느새 목표를 이룬 내 모습을 보고 내가 성장했음을 느낄 수 있다.

# 내 인생을 바꾼
# 질문과 만나다

"현실적인지 비현실적인지 관계없이, 명확하지 않더라도 인생의 최종 목표를 갖는 것은 무척 중요하다. 몇몇 사람이 지닌 문제는 어떠한 목표도 갖고 있지 않다는 점이다."

정신의학자 알프레드 아들러의 말이다. 하지만 나처럼 무엇 하나 가진 게 없는 사람에게는 목표를 정하는 것조차 큰일처럼 느껴진다. 그럴 때는 먼저 자신을 돌아보는 시간이 필요하다. 아무것도 없는 자신을 정면으로 마주하고 생각하는 것이다. 밖으로만 발산하던 에너지를 모아서 자신을 들여다보는 것이 그 시작이다.

나는 군대에서 그런 시간을 처음 가졌다. 경계근무를 서는 동안 처음에는 멍하니 있었다. 새로운 환경에도 서서히 익숙해지고 잡생각이 멈추니 이전에 하지 않았던 질문들이 떠오르기 시작했다. 그동안의 인생을 돌아보기도 했고, 살아가는 데 필요한 근원적인 질문을 스스로에게 던지기도 했다. 온전히 나 자신에게 집중할 시간이 생긴 것이다.

나는 왜 이렇게 살아왔을까?
그렇게 살 수밖에 없었을까?
더 좋은 삶이란 뭘까?
앞으로는 어떻게 살아야 할까?

나의 다른 면을 발견하고 지금까지와 다른 생각을 하려면 질문을 바꿔야 한다. 모든 변화는 질문에서 시작된다. 스스로에게 했던 이 질문들이 내 인생의 터닝포인트가 됐다. 그리고 내가 삶의 방향을 잃을 때마다 진정으로 가야 할 길을 찾아준 나침반이 되었다.

# #과학자처럼_나를_검증하기

우리는 자기 자신을 잘 안다고 생각하지만 예상외로 제대로 알지 못한다. 지금까지 내가 알고 있다고 믿었던 내 모습을 지우고 처음부터 다시 생각해 보면 깜짝 놀랄 것이다.

《싱크 어게인》에서 저자 애덤 그랜트는 우리가 성공하고 행복해지기 위해서는 '다시 생각하기' 기술을 터득해야 한다고 말한다. 사람은 자신이 경험한 것과 이제껏 배운 것에 따라 생각하고 행동한다. 내가 알고 있는 것을 부정당하면 자기 자신을 부정하는 것처럼 느낀다. 이것은 정체성의 위상을 지키려는 본능이기도 하다.

그랜트는 정체성을 바꾸면 안 된다는 생각도 버려야 한다고 말한다. 인간은 성인이 되어도 완성된 것이 아니다. 끊임없이 다시 생각하며 버릴 것은 버리고 새롭게 배우면서 성숙해 간다. 그러니 자신에 대한 과도한 믿음에서 벗어나 다시 생각할 줄 알아야 학습하고 성장할 수 있다. 다시 생각하기 싫은 사람들이 흔히 내세우는 평계가 있다.

해봤자 안 될 거야.

전에 해봤는데 안 됐잖아.

너무 어려워 보여. 대충 하자.

먹고는 살잖아. 그냥 이대로 살자.

내가 자주 쓰는 말이 이 안에 있다면 다시 생각할 준비가 필요하다는 뜻이다.

자신에 대해 다시 생각하는 것은 과학자의 사고법과 비슷하다. 가설을 세우고 실험을 하고 그 결과에 따라 생각을 수정한다. 내가 무엇을 잘하고 못하는지, 무엇을 알고 모르는지, 무엇을 할 때 행복하고 불행한지 리스트를 만들어보자. 이것들을 하나씩 실행하고 검증함으로써 나에 대해 제대로 알아나가는 것이다.

# #나만의_답_찾는_법

나를 들여다보기 위해서는 자기 자신과 대화를 많이 나눠봐야 하는데 생각을 이어가는 것이 쉽지는 않다. 그래서 내가 선택한 방법은 매일 일기를 쓰는 것이다. 글쓰기 자체가 나와의 대화이기도 하고, 글로 써보면 생각이 더 잘 정리되기 때문이다. 일기를 쓰면서 매일 스스로에게 질문을 던졌다.

"어떻게 살아야 하지?"

이 질문에 대한 답을 찾기 위해 나는 책을 읽기 시작했다. 물론 책을 읽는다고 답이 금방 나오지는 않는다. 영원히 찾지 못할 수도 있다. 답이라고 생각한 것이 정답이 아닐 수도 있다. 하지만 세상에 정답은 없다고 하지 않던가. 그래도 계속 질문을 던지며 '이렇게 하면 되지 않을까' 싶은 걸 실행해 보고, 원하던 성과가 나오지 않으면 수정하면서 나아가는 것이다. 첫 단계를 실행해 봐야 다음 질문이 나오고, 질문이 깊어질수록 나만이 할 수 있는 답도 찾을 수 있다. 인생의 답은 기다리는 게 아니라 스스로 찾아가는 것이다.

# 성공은
# 스펙을 따지지 않는다

20~30대에는 보통 특정 회사에 취직하겠다는 목표를 가지고 산다. 나는 스펙이 없어서 취업이 힘들었다. 하지만 그래서 더 많은 가능성을 시험해 볼 수 있었다.

내가 만약 의대를 나왔다면 내 진로를 의사로 좁혔을 것이다. 다른 전공을 했어도 전공 위주로 먼저 생각했을 것이다. 그리고 웬만큼 괜찮은 대학을 나왔다면 우선 대기업이나 공기업을 목표로 했을 것이다. 그도 아니면 공무원 시험을 준비했을 것이다. 이렇게 내가 갈 길을 미리 한정해 버리면 그 길을 가지 못했을 때 입는 타격이 크다. 그 길이 아니면 실패라고 단정해 버리기 때문이다.

내 스펙으로는 대기업 문턱에도 갈 수 없었다. 그랬기 때문에 다양한 길을 고민할 수 있었다. 물론 좌충우돌하고 실패도 많이 했다. 내가 갈 수 있는 길을 발견하기는커녕 꽉 막힌 벽이 앞에 서 있는 것처럼 느껴기도 했다. 그만큼 두려웠고 답답했다.

살아남기 위해 그 벽의 틈을 찾아 좁은 골목길로도 다녀 보았고, 남들은 길이 아니라고 하는 곳으로도 가보았다. 사람들이 미처 보지 못하는 길도 찾을 수 있었다. 노점 장사도 해보고 배달도 해봤다. 월급이 밀리는 회사에도 다녀봤다. 내가 못 할 일이란 없었고, 그래서 자유롭게 더 많은 경험을 쌓을 수 있었다.


## #무질서한_점에서_걸작으로


나는 모든 것을 직접 몸으로 부딪치며 배웠다. 죽도록 노력해야 성과를 얻을 수 있었다. 바꿔 말하면 노력한 만큼 성과가 따라왔다. 내가 노력을 멈출 수 없었던 이유다.

그럼에도 30대 초반까지 내 인생은 뭐 하나 이룬 것 없이 여기저기 멋대로 찍힌 점과 같았다. 어느 날 그 점들을 모두 이어보니 하나의 아름다운 그림이 되어 있었다. 인간은 신이 아니기에 어떤 그림이 완성될지 미리 알 수는 없다. 그러니 멋진 그림을 그릴 가능성을 높이려면 최대한 많은 점을 찍어봐야 한다.

시행착오가 없는 삶이 좋아 보일 수 있다. 오로지 곧게, 단 몇 개의 점만 찍고 깔끔하게 선을 이을 수 있는 인생이 좋은 삶처럼 느껴질 수도 있다. 하지만 그건 위험부담이 크다. 두 번째 점을 잘못 찍는 순간, 인생이 크게 잘못된 것처럼 보이기 때문이다.

나처럼 마구 점을 찍는 사람은 발걸음이 가볍다. 아니다 싶으면 옆에다 또 다른 점을 찍으면 된다. 3개의 점만 찍은 사람과 30개의 점을 찍은 사람이 있다면, 당연히 30개의 점을 찍은 사람에게 더 많은 가능성이 있다. 3개의 점으로 그릴 수 있는 선은 한정되어 있지만, 30개의 점으로는 연결할 수 있는 경우의 수가 훨씬 많다. 그 선들이 설령 복잡하고 지저분해 보일지 몰라도 결과적으로는 훨씬 풍부하고 아름다운 그림이 된다.

인생에서 최대한 많은 점을 찍어보라. 그리고 그 점들을 연결하는 건 미래의 나에게 맡겨라. 그것만으로도 나만의 아름다운 그림을 그릴 준비는 된 것이다.

지금도 나는 새로운 점들을 찍으며 또 다른 그림을 그려나가고 있다. 점도 찍을수록 노하우가 생긴다. 지금의 점이 예전에 찍은 점과 어떻게 이어질지, 그 영향력이 얼마나 커질지가 그려지기 때문이다. 그래서 지금은 이전보다 훨씬 전략적으로 점을 찍을 수 있고, 내가 원하는 그림을 더 빨리 실현할 수 있을 거라 확신한다.

내 인생이라는 백지에 다른 누구도 아닌 내가 펜을 쥐고 점을 찍어나가야 한다. 내 시간과 돈과 에너지를 내가 원하는 대로 쓰면서 말이다.

내 인생의 주인이 되고 싶은가? 그렇다면 남이 그어준 선에 갇히지 말고 자유롭게 점을 찍어보라. 그 선을 좀 벗어나면 어떤가. 인생은 그리 쉽게 끝나지 않는다. 조금 좌충우돌하면 어떤가. 그렇게 그은 점들이 어떤 그림을 그릴지는 아무도 모른다. 마음껏 점을 찍고 선을 쭉쭉 그어나가자.

# 의지를 믿지 말고
# 감각을 활용하라

"목표가 없는 사람은 목표가 있는 사람을 위해 평생 일해야 하는 종신형에 처해 있다."

20대 중반에 접한 브라이언 트레이시의 말은 나에게 목표를 가져야 할 이유를 알려주었다. 남에게 종속된 삶을 살고 싶은 사람이 어디 있겠는가. 나도 그렇게는 살고 싶지 않았다. 그래서 목표를 세우고, 그것을 위해 무엇을 해야 할지 계속 고민하고 실천하면서 지금에 이르렀다.

그렇다면 어떻게 목표를 세워야 할까?

A씨는 영어 공부를 하기로 했다. 영어 교재를 몇 권 샀고 전화 영어를 신청했다. 시간이 날 때마다 넷플릭스로 미드를 보면서 듣기 연습도 할 예정이다.

B씨는 올해 안에 토익 900점 달성을 목표로 세웠다. 이를 위해 매일 토익 문제집을 2시간씩 풀고 단어를 30개씩 외우기로 했다. 이렇게 해서 6월까지 700점에 도달하면 그 뒤에는 토익 학원에 다니며 성적을 끌어올리기로 했다.

둘 중 목표를 달성할 가능성이 누가 더 크겠는가? 당연히 후자다. 전자의 의지가 부족해서가 아니라 목표가 구체적이지 않기 때문이다. 목표가 아예 없는 사람보다야 좋지만, 목표가 너무 막연하면 실행보다 방법을 고민하는 데 더 많은 시간을 낭비하기 쉽다. 그리고 오늘 꼭 하지 않아도 남은 날이 많다는 생각에 해이해지기 쉽다.

목표를 구체적인 숫자로 정하면 목표를 향해 곧바로 돌진할 수 있다. 쓸데없는 생각 없이 목표로 한 숫자를 달성하는 것에만 집중하면 된다. 그러다 보면 어느새 성장해 있는 자신을 발견할 수 있다.

내 삶의 目標

| 순위 | 目標 | 具體的 目標 | |
|---|---|---|---|
| 1, | 2年 안으로 내집 마련 | 강서 한강변 쪽으로 30平쯤 賣入 | 15年7月21日 |
| 2. | 한 달에 한계약 정면 낙찰 받기 | 매월 | |
| 3. | 平生 經濟 工夫하기 | 經濟 신문 읽기, 관련 書籍書 한 달에 1번 이상, 온라인 講義 講義 꾸준히 듣기. 매일 2時間 씩 經濟 工夫. | |

그래서 나는 숫자로 목표를 정하는 걸 좋아한다. 아니 집착한다는 표현이 더 맞을 것이다.

독서를 하기로 정한 후로는 1년에 365권 읽겠다고 목표를 세웠다. 이를 달성한 후에는 일주일에 10권, 1년에 520권으로 목표치를 늘렸다. 계속 목표를 높이고 달성하면서 성취감과 희열을 느꼈다.

부동산을 보러 다닐 때도 369 원칙을 세워서 실행했다.

1) 하루에 3시간 이상

2) 6곳의 중개소에 들러

3) 9곳 이상의 물건을 본다.

이 숫자를 채우지 않으면 집에 들어가지 않기로 결심했다. 내가 살고 있는 동네의 부동산부터 돌았고, 서서히 지역을 넓혀나갔다. 그렇게 3개월 동안 400채가 넘는 집을 봤다. 차도 없었으니 그야말로 발품을 판 것이다.

막연히 '책을 많이 읽겠다'라거나 '부동산 임장을 많이 다니겠다'라는 목표를 세운 사람과 나처럼 숫자로 목표를 세운 사람 중에는 당연히 후자가 목표를 더 빨리 달성할 수밖에 없다.

## #하루_목표_세_가지

큰 목표를 정했다면, 그 목표를 1년, 한 달, 일주일, 하루로 쪼개서 작은 단위의 목표로 세분화한다. 한 번에 10킬로미터를 뛰라고 하면 너무 막막하고 힘들어서 그만두고 싶다. 하지만 '100미터만 뛰어보자' '다음엔 500미터를 더 뛰어보자' 이렇게 작은 중간 목표들을 설정해 놓으면 마음가짐이 훨씬 가벼워진다.

하루를 3등분해서 루틴을 짜는 나처럼 자신의 생활패턴

에 따라 하루를 나누어 목표를 짜면 효율과 성장을 극대화할 수 있다. 예를 들어 직장인이라면 업무 시간을 주도적으로 구성하기는 힘들 테니 새벽, 근무시간, 밤으로 나눌 수 있다.

하루를 나눈 만큼 하루의 목표도 3개로 설정한다. 각각의 시간에 따른 목표를 정해야 하루를 나눈 의미가 있기 때문이다. 직장인이라면 새벽 목표, 오전-오후 목표, 밤 목표가 된다. 목표는 일이 아닌 자기계발이나 취미에 관련된 것이라도 괜찮다. 예를 들면 다음과 같다.

1) 새벽 목표: 유산소운동 30분 하기

2) 오전-오후 목표: 프로젝트 20% 완성하기

3) 밤 목표: 영어 단어 10개 외우기

너무 바빠서 시간을 나누기 힘들다고 말할 사람도 있을 것이다. 그렇다면 자투리 시간이라도 짜내야 한다. 괴테는 이렇게 말했다.

"30분이 티끌과 같은 시간이라고 말하지 말고, 그동안 티끌과 같은 일이라도 하는 것이 현명하다."

# #100억짜리_황금지폐

목표를 수치화하는 것만큼이나 중요한 게 있다. 목표를 가시화하는 것이다.

나는 독서 목표와 부동산 임장 목표, 하루에 얼마만큼의 경매 물건을 검색하겠다는 목표 등을 모두 수치화해서 항상 들고 다니는 다이어리 표지에 붙여놓았다. 끊임없이 나를 일깨우고 북돋기 위해서다.

또한 목표 자산을 항상 되새기기 위해 100억 원짜리 황금지폐를 가지고 다녔다. 100억 원대의 자산을 이룬 지금은 1000억 원짜리 황금지폐를 가지고 다닌다. 모든 걸 돈으로 측정할 수는 없지만 맨몸으로 시작한 내가 얼마까지 벌 수 있는지, 내 가치를 증명해 보고 싶기 때문이다. 돈이 전부는 아니지만 성장을 측정하는 도구로는 이만한 것이 없다. 지갑 속 황금지폐를 볼 때마다 지금에 만족하지 말고 더 힘내자고 스스로를 독려한다. 게다가 스스로를 1000억 자산가로 믿고 그에 걸맞게 행동하면 그렇게 될 수 있다고 믿는다.

강한 의지를 가진 사람은 많지 않다. 마음이 절실하더라도 막연한 목표와 바람만으로 사람은 쉽게 움직이지 않는다. 이를 위해 목표를 수치화하고 가시화하는 게 필요하다. 막상 움직이기 시작해도 지속하는 건 또 다른 고난이다. 목표를 향한 행동을 지속하기 위해서는 루틴화해서 습관으로 만들어야 한다.

# 성공할 수밖에 없는
# 체질 만들기

책을 통해 신세계를 접한 나는 독서에 더욱 빠져 들었다. 특히 자기계발서를 많이 읽었다. 성공하고 싶다는 열망이 컸기에 그 비밀을 알고 싶었다. 목표를 이루고 성공을 쟁취한 사람들은 어떤 행동을 하고 어떤 습관을 가지고 있는지를 찾아다녔다. 책에는 수많은 방법들이 나와 있었다. 금광을 발견한 듯한 기분이었다.

물론 어떤 특정한 인물의 방법이 모든 사람에게 통하리란 법은 없다. 사람마다 갖고 있는 재능도 처한 환경도 다르기 때문이다. 책에 쓰인 내용이 다 옳다는 법도 없다. 하지만 적어도 나보다는 낫지 않겠나 싶었다.

성공한 사람들이 공통적으로 말하는 것들도 있었다. 책을 많이 읽고 매사 긍정적으로 생각하라는 것이다. 그렇게 한다고 무조건 성공할 거라고 생각하진 않았지만, 적어도 지금보다 나빠질 것 같지는 않았다. 이로써 새로운 목표가 생겼다.

'그래, 한번 책처럼 살아보자.'

# #변화는_행동에서_시작된다

책만 읽으면 세상에는 내가 모르는 것이 많다는 것만 알게 된다. 읽은 것을 행동으로 옮기면 다음 스텝으로 성장하기 위해 내가 어떤 것을 더 알아야 하는지 깨닫는다. 즉 모르는 것들 중에서도 지금 나에게 필요한 것을 알게 된다. 그래서 책을 읽는 것보다 그 이후의 실천이 더 중요하다.

예를 들어 내가 청소나 정리에 서툴다고 해보자. 아침에 침대에서 일어나면 저녁까지 이부자리가 흐트러져 있고, 집에 들어와서 허물 벗듯 던져둔 옷은 몇 날 며칠이고 그대로 다. 재활용품이나 쓰레기도 그때그때 처리하지 않아서 마구 쌓여 있다. 그런데 어떤 책을 읽었더니 정리하지 못하는 사람들은 성공도 못한다고 한다.

그러면 나는 청소와 정리에 노력을 기울인다. 물건을 쌓아두지 않으려면, 바로바로 정리하려면 어떻게 해야 할지 고민한다. 항상 의식하지 않으면 잊어버리니 눈에 띄는 곳에 적어놓는다. 그것도 빨간색으로! 쓰레기통에는 '가득 차면 바로 버릴 것'이라고 써 붙이고, 옷장에는 '입은 옷은 제자리에 걸어둘 것'이라고 붙인다. 머리맡 벽에도 '일어나면 이불을 정리할 것'이라고 써놓는다.

뭔가를 바꾸고 싶다면 생각만으로는 되지 않는다. 자꾸 잊는다면 행동하도록 자극하는 도구가 필요하다. 할 수만 있다면 뇌 속에도 포스트잇을 붙여두고 싶다.

'배운 건 무조건 행동에 옮길 것!'

자기계발서를 보면 아침 일찍 일어나는 것의 중요성이 자주 언급된다. 그래서 나도 해보았다. 새벽 4시에 일어나 자기 확언을 하고 책도 읽고 신문도 읽었다. 조용한 시간을 효율적으로 활용하니 유익했고 나와 잘 맞았다. 경매를 시작할 때도 이 습관 덕분에 회사에 7시까지 출근해서 경매 물건 검색에 시간을 할애할 수 있었고, 이것이 지금의 부를 이루는 밑바탕이 되었다.

아침 일찍 일어나는 습관은 지금도 유지하고 있다. 다만 잠을 극단적으로 줄이면 오래 못 버틴다. 새벽 4시에 일어난다면 적어도 9~10시에는 잠들어야 한다. 아침보다 저녁에 능률이 더 오른다는 사람도 있으니 여러 번 시도해보고, 자신에게 맞는 방법을 찾자.

## #좋은_습관을_만드는_루틴

일단 실행해 보면서 자신에게 맞는 루틴을 찾아야 한다.

| 독서 → 메모(가시화) → 의식 → 반복 실행

메모지를 붙여놓아도 나쁜 습관이 하루아침에 고쳐지진 않는다. 습관을 바꾸겠다는 다짐은 당장의 급한 일에 밀려 뒷전이 되기 쉽다. 나쁜 습관으로 다시 망가진 자신을 보면서 '나는 의지박약이야, 나는 안되는 놈이야'라면서 자책한

다. 그렇게 자존감은 점점 낮아지고 무기력에 빠져서 정말 안되는 놈으로 굳어진다. 수년, 수십 년간 굳어진 습관이 그리 금방 바뀐다면 사람들이 고생할 일도 없을 것이다.

습관화가 될 때까지 계속 반복해야 한다. 의식하지 않아도 몸이 움직일 때까지 반복하라. 나는 나쁜 습관을 버리고 좋은 습관을 들이는 과정에서 항상 이런 패턴을 반복했다. 습관화하고 싶은 내용을 글자로 적어놓고 그걸 보면서 계속 의식했다.

생각만큼 실천이 따르지 않는 행동은 자극을 주는 문구를 매일 가지고 다니는 다이어리에 붙여놓았다. 나를 가장 자극했던 문구는 '천사불여일행(千思不如一行)'이다. 천 번 생각하는 것보다 한 번 행동하는 것이 더 중요하다는 뜻이다.

아침에 눈을 뜨고 잠자리에 들기 전까지 내가 할 일들을 눈에 보이는 곳에 붙여놓고 체크했다. 매일의 루틴과 습관이 인생을 바꾼다는 걸 알았기 때문이다. 오늘 해야 할 일을 다 해냈다는 성취감, 나쁜 습관 하나를 바꿨다는 뿌듯함으로 조금씩 성공을 맛보았다. 이런 작은 성공의 경험이 더 큰 성공으로 이끌어주었다.

# 150권의 노트가
# 나에게 알려준 것

지금까지 목표나 루틴을 가시화해서 성공에 한 발짝 더 다가가는 방법에 대해 이야기했다. 사실 성장도 가시화할 수 있는 방법이 있다. 매일 꾸준히 기록을 남기는 것이다.

나는 지난 15년 동안 150권이 넘는 노트를 썼다. 아날로 그 노트 외에도 에버노트 등 앱을 통해 기록을 남기기도 했고, 블로그 역시 기록의 도구로 시작한 것이다.

그동안 써온 기록을 보면 내가 어떻게 성장했는지 알 수 있다. 발전한 내 모습을 보며 '할 수 있다'는 자신감을 얻기도 하고, 필사해 놓은 좋은 글귀를 보면 마음을 다스리던 힘

들었던 시기가 떠올라 위로를 받기도 한다. 성장이 눈에 보이면 동기부여가 될 수밖에 없다. 이번 챕터에서는 내가 그동안 어떻게 기록을 해왔는지 보여줄 것이다.

처음엔 습관을 들이는 데 초점을 맞추자. 기록이 익숙지 않은 상태라면 플래너 한 권에 모든 것을 기록하는 게 습관을 들이기 쉽다. 처음부터 모든 걸 기록하려 들면 어려울 수 있다. 중간에 나가떨어질지도 모른다. 그러니 이 책에서 소개하는 방법 중 정말 괜찮다 싶은 것 한두 개만 골라서 따라해 보길 바란다. 감사 일기도 좋고, 독서 노트도 좋다. 형식에 맞출 필요도 없다. 몇 번 기록하다 보면 자신에게 맞는 방식이 생길 테니 변형해 나가면 된다. 가장 중요한 건 꾸준함이다.

# #먼슬리_플랜

먼저 먼슬리 플래너다. 나는 먼슬리 플래너에 매일의 삶을 빼곡히 기록했는데, 이것을 '라이프로그'라고 부른다. 먼슬리 플래너에 적는 내용은 다음과 같다.

1) 기상 시간과 취침 시간을 적고 하루 한 번 내 컨디션을 확인한다.
2) 약속이 있으면 적는다.
3) 하루 일과를 짧게 적는다.
4) 독서를 했다면 책 제목도 적는다.
5) 이번 달에 꼭 해야 할 일을 적는다.

주로 아침에 컨디션을 적는데, 상태가 안 좋은 날에는 그

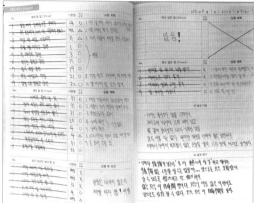

이유가 뭘까 생각해 본다. 기록한 내용들을 찬찬히 보니 자
정 전에 잠들어야 아침에 컨디션이 좋다는 것을 알았다. 이
렇게 나의 생체리듬을 알고 있으면 하루를 효율적으로 설계
할 수 있다.

약속은 개인적인 일이든 업무든 모두 적는다. 일의 성격
에 따라 색을 다르게 하면 하루 일정을 쉽게 파악할 수 있
다. 위의 그림에서는 빨간색 펜으로는 강연 스케줄, 파란색
펜으로는 약속을 적었다. 이렇게 일정을 한곳에서 관리하면
약속을 어기거나 강연을 펑크 내는 일이 없다.

하루 일과를 적는 칸에는 시간순으로 하루의 타임라인을

간단하게 적는다. 이 기록만 봐도 내가 그날 무엇을 했는지 한눈에 보인다.

읽은 책의 제목은 형광펜으로 표시해 둔다. 그러면 플래너를 펼쳤을 때 형광펜이 많으면 책을 많이 읽었다는 뜻이니 뿌듯하다. 반대로 형광펜이 적으면 '이번 달에는 책 읽기를 게을리했구나' 하고 반성하고 더 열심히 읽어야겠다는 마음도 든다.

이번 달에 꼭 해야 할 일은 우선순위를 정해 빨리 해결해야 할 일과 시간이 길게 필요한 일을 구분해서 적는다. 그리고 완료한 일에는 표시를 해둔다.

이처럼 모든 일상을 다 기록에 남긴다. 대단한 하루를 보낸 게 아니더라도, 아무리 소소한 일상이라도 나만의 역사가 된다. 기록을 하면 조금 더 시간을 알차게 보내야겠다는 생각이 절로 든다. 하루를 돌아보면서 반성과 칭찬도 하고, 앞으로 할 일과 해보고 싶은 일을 떠올리며 내일부터는 어떻게 살아야겠다는 다짐도 한다. 이번 달과 저번 달을 비교해 보고 더 나은 삶을 살고자 노력한다.

# #데일리_플랜

매일의 구체적인 계획은 데일리 플래너에 작성한다. 매일 세우는 계획을 작은 도전이라 생각하고 하나씩 실행하면서 작은 성공의 경험을 축적할 수 있다. 데일리 플래너에는 내 생각을 좀 더 구체적으로 적을 수 있다. 일기에 가깝다고 할 수 있고, 여기에 하루의 소감을 적어 일기 대용으로 써도 좋다.

1) 오늘의 다짐을 적는다.
2) 오늘 할 일 혹은 하고 싶은 일을 적는다.
3) 우선순위를 정한다.
4) 감사 일기나 긍정의 한마디 등 하루를 시작하며 힘을 낼 수 있는 말을 쓴다.
5) 하루를 되돌아보며 칭찬과 반성을 적는다.
6) 그 외에도 최근 읽은 책, 공부하는 것 등을 적는다.

오늘의 다짐에는 '오늘 할 일은 무조건 오늘 끝내자'라든지 '오늘 하루 최선을 다하자'라든지 무엇이든 좋다.

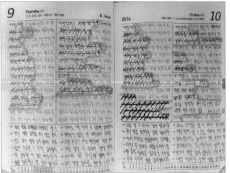
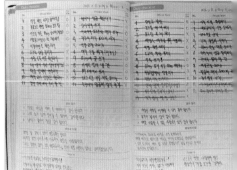

　오늘 할 일은 앞에서 말했듯 하루를 3등분하여 오전, 오후, 저녁에 뭘 했는지 구분해서 적는다. 하는 일이 여러 가지라면 시간대별로 적지 않고, 일을 구분해서 나눠 적어도 좋다. 위의 왼쪽 그림은 2016년의 다이어리인데, 당시에는 온라인 카페를 운영했고 개인 사업도 하고 있었으며 요트 업체에서 직장 생활도 했다. 그래서 칸을 세 개로 나누어 구분해 적었다.

　이렇게 오늘 할 일을 생각나는 대로 모두 적은 후에 우선순위에 따라 숫자를 매기고, 완료할 때마다 하나씩 지워나가면 된다. 오늘 미처 끝내지 못한 일이 있을 수 있다. 그러면 다음 날의 할 일 칸에 옮겨 적는다.

아침에 아무리 사소한 것일지라도 감사 일기나 긍정의 말을 쓰면 마음이 평온해지고 용기가 난다. 컨디션이 좋지 않아 힘든 날도 있다. 그럴 때는 이유를 적어보자. 적는 것만으로도 스트레스가 해소될 수 있고 안 좋은 감정이 조금이나마 풀린다. 저녁에는 오늘 하루를 되돌아보는 시간을 갖는다. 잘 보냈다면 스스로를 칭찬해 주고 불만족스러웠다면 반성할 점을 적는다.

과거는 이미 지나갔고 미래는 아직 오지 않았다. 최선을 다해야 하는 순간은 바로 지금이다. 매일 할 일 혹은 하고 싶은 일을 적고 실천해 나간다면 내 인생은 내가 원하는 방향으로 흐를 것이다. 하루하루 인생의 물꼬를 튼다는 기분으로 관리해 보자.

# 100일만
# 미쳐라

자수성가한 사람들의 특징 중 하나는 바로 '몰입'과 '집중'이다. 자신에게 집중해서 능력을 키우는 것이다. 더불어 아이디어를 떠올리면 바로 실행하는 추진력이 있다. 남과 비교하지 말고 내 인생의 주인이 되자. 그리고 생각한 것을 실행하며 주도적으로 살아라.

몇천만 원도 없던 내가 100억 원을 만들기까지 5~6년이 걸렸다. 단기간에 큰 성공을 이룬 내게 무슨 요행이 있었던 건 아닌지 의심하는 사람도 있다. 부동산 하나가 대박이 났다든지 로또에 당첨되었다든지 하는 식으로 말이다. 안타깝지만 아니다. 그렇게 쉬운 길은 없다. 설령 어딘가에 있다고 해도 없다고 생각하는 게 마음이 편하다.

나 역시 16년간 빌드업을 해왔다. 계속 무언가에 도전했고 한 번 시작한 일은 끝장을 볼 각오로 매달렸다. 제일 처음에는 책에 미쳤다. 스물여덟 살에 하루 한 권 읽기 프로젝트를 시작했다. 독파한 책이 늘어날수록 독서 근육이 붙어서인지 한 권을 읽는 시간은 점점 짧아졌고 내용을 더 깊이 이해할 수 있었다. 다음에는 블로그에 미쳤고, 그다음에는 부동산 투자에 미쳤다.

먹고살기 위해 많은 일을 해봤고, 무슨 일이든 몰입해서 했다. 그렇게 여러 가지 일들을 열정적으로 했고 그것이 어느 순간 서로 시너지를 일으키며 폭발했다.

꾸준히 열정과 노력을 다했더니 나를 필요로 하고 내가 가장 잘할 수 있는 것을 찾을 수 있었다. 그동안 내가 했던 시행착오의 경험들이 쌓이니 운때가 맞아 폭발적으로 성장할 수 있었다. 설사 운이 따라주지 않았더라도, 자산의 규모에서 차이가 날 뿐 이전보다는 분명 더 나은 삶을 살고 있었으리라 확신한다.

성공뿐만 아니라 실패도 나에게 도움이 되었다. 책을 읽는 훈련이 되어 있었기에 부동산 책도 많이 읽고 효과적으로 나만의 투자법을 찾아낼 수 있었다. 블로그를 운영하고 있었기에 부동산 관련 정보를 어떤 식으로 올려야 사람들이 관심을 가질지 알 수 있었다. 게다가 영어 강사를 했던 경험 덕분에 공매 강의도 비교적 쉽게 시작할 수 있었다. 매 순간 최선을 다하며 찍었던 점들이 다른 일과 시너지를 일으키며 내게 길을 열어주었다.

## #몰입의_기간

"아침에 잘못한 일을 저녁에 고치지 않고, 오늘의 잘못을 내일 고치지 않는다면 현명한 사람이 될 수 없다."

《내가 쓰는 아침형 인간의 노트》라는 책에서 이 구절을 읽고 머리를 쾅 얻어맞은 기분이었다. 이 책에서는 아침형 인간으로 체질을 바꾸기 위해서는 시간이 필요하다고 말한다. 그 시간이 바로 100일이다.

무엇을 하든 100일에서 6개월은 몰입하는 기간이 필요하다. 내가 어떤 일에 정말 흥미가 있는지 없는지도 한두 번 해봐서는 제대로 알 수 없다. 최소한 100일은 해보면서 다양한 상황을 경험해 봐야 한다. 그 정도는 해봐야 성과를 얻을 수 있고, 지금 하는 일을 계속할지 그만둘지도 판단할 수 있다.

제대로 몰입하기 위해서라도 예열의 시간은 필요하다. 잘 알지 못하는 일에는 허둥지둥하느라 몰입조차 쉽지 않다. 그러니 급하게 성과를 바라거나 자신과 맞지 않는다고 판단하지 않기를 바란다.

부동산 경매 투자를 시작한 초기에 나는 수익은커녕 나보다 높은 금액을 쓴 다른 투자자와의 경쟁에 밀려 패찰을 거듭했었다. 게다가 경매로 나온 부동산은 임대계약으로 묶인 경우가 많아 계약 기간이 끝나고 매도할 수 있는 2년 후가 되어야 수익이 돌아오는 구조다. 조급하게 수익을 바라선 오히려 낭패를 볼 수 있다. 그래서 초보 투자자에게는 큰 수익을 기대하지 말라고 조언한다.

'좋아하는 일을 즐기면서 하면 성공한다.'

이런 이야기는 듣기 좋은 말일 뿐이라고 생각한다. 성공한 사람이 이런 말을 했다면, 그 속에는 꾸준히 반복해온 '노력'이 숨어 있을 것이다.

노력에 대해서는 딱히 할 수 있는 말이 없다. 재미있지도 멋있지도 않다. 하지만 성과를 얻기 위해서는 즐겁지는 않지만 미친 듯이 몰입하는 시간은 반드시 필요하다. 이 사실을 외면하지 말자.

# 목표가 없으면
# 관성으로 산다

누구보다 열심히 책을 읽었고 성공한 사람들의 삶을 따라 했지만 정작 자신의 삶은 변하지 않았다며 한탄하는 사람들이 있다. 왜 그럴까?

지인이 새벽 기상을 미션으로 정하고 5시에 일어나기 시작했다. 1주 차에는 계획대로 잘 실행했지만 2주 차 들어서 컨디션 난조로 3일간 건너뛰었다. 반성을 한 후에 3주 차에는 다시 5시에 기상했다. 그렇게 한 달이 지나니 5시 기상이 자연스러워졌다고 한다. 여유로운 아침 시간을 효율적으로 활용하기 위해 책도 읽기 시작했다. 그렇게 한두 달이 흐르자 밤 10시쯤 되면 눈이 저절로 감기기 시작했다.

이제 1년이 지났다. 지인은 자신과의 약속을 잘 지킨 것에 뿌듯해했다. 그런데 어느 순간 자신이 왜 생활 습관을 바꾸려고 했는지에 대한 목적이 없었음을 깨달았다. 자기 자신과의 약속을 지키기 위해 아침 일찍 일어나긴 했지만 정작 생활은 만족감 외에는 달라진 게 없었다.

지인은 목표 없이 실행에만 함몰되어 있었다. 나에게도 그런 시기가 있었다. 일찍 일어나서 하루를 빨리 시작하려던 건 목표가 있었기 때문인데, 어느새 목표는 잊히고 일찍 일어나는 것에만 신경이 쏠려 있었다. 그러니 깨어 있는 시간대만 달라졌을 뿐, 내 인생의 항로를 올바른 방향으로 변경하겠다는 목표로는 한 발짝도 다가가지 못하고 있었다.

## #실천해도_삶이_바뀌지_않는_이유

주차장에서 차를 몰고 나온 직후에는 시속 60킬로미터도 빠르게 느껴진다. 하지만 1시간 넘게 고속도로를 달리다 보면 100킬로미터도 전혀 빠르게 느껴지지 않는다. 나는 시속 100킬로미터로 열심히 달리고 있지만 아무런 변화를 느끼지도 못하고, 어디로 향하는지도 몰랐다.

대체 뭐가 문제였을까? 갈릴레오 갈릴레이는 속도에 변화가 없는 물체는 모두 관성의 법칙에 따라 움직인다는 사실을 밝혀냈다.

1) 물체 A는 시속 0킬로미터로 움직인다. 즉 멈춰 있다. 이 물체는 관성에 따라 계속 멈춰 있으려고 한다.
2) 물체 B는 시속 100킬로미터로 움직인다. 이 물체는 관성에 따라 시속 100킬로미터로 움직이려고 한다.

두 물체는 겉으로 보기에는 아주 다르다. A는 움직이지 않고, B는 빠르게 움직이고 있다. 하지만 시속이 달라도 관성이라는 관점에서 보면 두 물체는 결국 똑같은 상태다.

이처럼 목표를 잊고 하나의 행동에만 집중하다 보면 관성에 빠지기 쉽다. 작은 일을 하나씩 해결하며 점점 목표에 가까워지고 있다고 여기기보다 똑같은 행동만 지겹도록 반복하는 것처럼 느껴질 수 있기 때문이다.

구소련 시절 시베리아에 유배된 정치범들은 수용소에서

종일 땅을 파야 했다. 해가 저물기 시작하면 감시병이 기껏 판 땅을 다시 메꾸라고 했다. 이렇게 매일 무의미한 행위를 반복했던 정치범들은 어떻게 됐을까? 허무와 우울에 빠져 정신과 육체 모두 병들었다.

'이렇게 열심히 사는데 왜 내 인생은 더 나아지질 않지?'

이런 생각이 든다면 잠시 멈춰서 생각해 보라.


내가 열심히 사는 이유는 무엇인가?

목표 설정은 제대로 되었는가?

목표를 잊어버리지는 않았는가?

그 목표는 내가 진정 원하는 것인가?


익숙해졌다는 것은 능숙해졌다는 뜻이기도 하다. 그러니 나도 모르게 목표를 잊고 있다면, 관성에 이끌려 살고 있다면, 지금이 바로 목표를 점검할 때다.

# 비전이 없다면
# 과감히 접어라

사람들에게 목표를 물으면 대부분 직업을 댄다. 나도 그랬다. 예를 들어 경찰이 되겠다는 목표를 가지고 노력한다면, 시야가 좁아지고 시험에 실패했을 때 엄청난 좌절감을 겪는다. 그러니 왜 경찰이 되고 싶은지부터 생각해야 한다. 누군가에게 도움이 되는 삶을 살고 싶다는 가치를 목표로 한다면, 경찰이 되지 못하더라도 실패한 것은 아니다. 다른 방법으로도 얼마든지 그 가치를 이룰 수 있기 때문이다.

다른 질문을 던지면 빠르게 새로운 길을 찾을 수 있다. 쉽게 포기해서도 안 되지만 그만둘 때를 아는 것도 중요하다.

그렇다면 언제 포기해야 할까?

비전이 보이지 않을 때다.


# #나_지금_뭐_하지?


취업도 못 하고 방황하던 때는 내가 뭘 해야 할지, 뭘 잘할 수 있는지 알지 못했다. 스스로와의 대화가 부족했던 탓이다. 친구가 경찰 시험이나 쳐보자고 했을 때 "그럴까?" 하고 쉽게 시작했던 이유다. 그마저도 어릴 때 사고를 많이 쳐서 기록이 남아 있을 것 같아 포기했다. 그래서 차선으로 경찰행정학과에 편입했다. 지방대라 그런지 지원자가 별로 없었고 원서만 내면 합격할 수 있다는 말에 혹한 것이다. 하지만 한 학기 만에 문득 이런 생각이 들었다.

'내가 지금 뭘 하고 있는 거지?'

경찰이 내 꿈도 아니었고, 생전 경찰이 되겠다고 마음먹은 적도 없었다. 그저 할 게 없어서 친구 따라 강남 가듯 경찰행정학과를 다니고 있으니 소위 말해 '현타'가 온 것이다.

이 학교를 나와 경찰이 되어서 뭘 하고 싶은지, 어떤 사람이 되고 싶은지에 대한 비전이 없었다. 그저 나에게 아무런 능력도 배경도 인맥도 없다는 생각에 사로잡혀서 경찰이라는 눈앞의 목표만 계속 붙잡고 있었던 것이다. 경찰 시험을 준비한 기간까지 따지면 3~4년을 날려버린 셈이다. 더 이상 내 미래가 그려지지 않는 일에 시간을 낭비하고 싶지 않았기에 과감히 자퇴를 택했다.

# #포기해야_할_때

내가 운영하는 독서 모임에 재선 시의원이었던 분이 참여했다. 세 번째 선거에서 떨어지고 기분 전환 삼아 서울로 올라왔다가 독서 모임에 참여한 것이다. 그분이 나를 좋게 봤던지 같이 일을 해보자고 했다. 내가 블로그와 카페를 운영하는 걸 보고 블로그 마케팅을 해보는 게 어떻겠냐고 제안한 것이다.

당시에는 음식점 등의 블로그 포스팅이 네이버에 상위 노출되면 손님이 늘 정도로 파급 효과가 있었다. 나 역시 활동을 오래 해온 만큼 블로그 지수가 높아 식당 리뷰를 올리면 쉽게 상위에 노출됐다. 이렇게 홍보해 주면 30만~40만 원씩 받을 수 있었다.

작은 사무실을 얻고 하루에 100군데 이상 돌아다니면서 명함과 팸플릿을 뿌렸다. 3주 정도 지나니 연락이 오기 시작했다. 연락이 온 곳으로 상담을 나갈 때마다 대부분 계약으로 연결됐다. 알고 보니 다른 블로거들은 전화로 "마케팅 홍보해드릴게요"라고 하지, 나처럼 직접 와서 명함을 주고 이야기한 사람이 없었다는 것이다. 이렇게 해서 한 달에 1000만~2000만 원까지 수익을 올렸다.

고객을 확보하고 수입도 어느 정도 생겼지만 '이 길로 계속 성장할 수 있을 것인가'를 생각해 보면 그렇지 않았다. 진입장벽이 너무 낮아서 누구나 할 수 있는 일이었기 때문이다. 내가 아무리 열심히 홍보해 줘도 다른 업체에서 더 저렴한 가격을 내세우면 바로 바꿔버릴 수 있는 일이었다. 나만이 제공할 수 있는 차별화된 가치가 없으니 당연한 일이다. 결국 5개월 만에 그만두었다.

생과일주스 장사를 한 적도 있다. 명동이나 홍대 같은 번화가에서 생과일주스 장사가 너무 잘되는 것을 보고 아는 형님과 같이 시작했다. 장사는 그런대로 잘됐다. 문제는 근처에 우후죽순 비슷한 가게가 생기면서 시작됐다. 주스 만드는 기계만 있으면 누구나 쉽게 차릴 수 있고, 생과일주스를 만드는 특별한 레시피가 있는 것도 아니니 경쟁업체가 생길수록 수익은 줄어갔다. 결국 그만둘 수밖에 없었다.

많이 도전했고 그만큼 많이 포기했다. 무슨 일을 하든 최선을 다했다. 최고의 성과를 얻었을 때 더 올라갈 곳, 뻗어갈 곳을 상상했다. 그게 보이지 않으면 과감히 그만두었다.

지금 포기할지, 계속 도전할지 망설여질 때는 그 일의 미래를 그려보라. 그 일을 계속하고 있을 미래의 내 모습을 구체적으로 상상해 보라. 그 미래가 내가 원하는 것이 아니라면 과감히 포기하고 새로운 도전에 뛰어들어야 한다. 내 안을 들여다보고 주변을 둘러보면 실마리가 잡힌다.

# 6년 만에
# 경제적 자유를 얻은 비밀

나는 이미 경제적 자유를 얻었다. 2023년 현재 내 자산은 토지가 50억 원, 주택은 25억 원, 주식은 35억 원 정도다. 부동산의 시세도 변하고 주가도 계속 변하기 때문에 합치면 100억 원 정도라고 할 수 있다.

수익은 계단식으로 늘었다. 200만 원의 월급을 받던 나는 종잣돈을 모으느라 한 달에 30만 원으로 생활했다. 그러다 2년 만에 월수입이 1000만 원을 넘었고, 어느 순간 5000만 원이 되더니 순식간에 1억 원을 넘어섰다. 현재는 월 3억 원 이상의 수익을 얻는다. 이는 그동안 쌓은 경험이 시너지를 일으킨 것으로 5~6년 만에 이뤄낸 성과다.

# #계단식_성공의_비밀

책을 써서 인세가 꾸준히 들어왔고, 책 덕분에 강연도 하면서 부가 수입도 창출할 수 있었다. 그렇게 모은 종잣돈으로 부동산 투자에 뛰어들었으며, 이 과정을 블로그에 기록한 덕분에 경매와 공매 관련 강의도 시작했다. 그 과정에서 월급 받던 회사가 망하는 등 우여곡절이 있었지만 이미 다른 수입을 얻을 수 있는 루트를 여럿 만들어놓은 뒤였다.

부동산과 자기계발 관련 강연료와 인세 등 여러 파이프라인에서 나오는 수입들을 악착같이 모아 경매에 재투자했고 수익을 키웠다. 장기적으로는 부동산과 주식으로 자산의 규모를 늘렸다.

이런 사이클이 만들어지고 나니 자산이 눈덩이가 구르듯 기하급수적으로 늘었다. 그동안 투자한 부동산 중에 전세 계약 기간이 끝나거나 2년 이상 보유로 양도세율이 낮아져 매도가 가능해졌기 때문이다. 매도를 하거나 전세금을 올려

재계약을 하면서 수익의 단위가 커졌다. 결혼하고 불과 2년 만에 수익이 폭발적으로 늘어난 것이다.


# #빠른_성공엔_이유가_있다

빈털터리에서 100억 원대 자산가가 된 나를 보고 주변 사람들은 굉장히 놀랐다. 2022년에 건물 투자를 하면서 만난 중개사 분을 1년 만에 만났는데, 나를 보더니 '어이가 없다'고 했다. 딱 1년 만에 '좋은 방향으로' 굉장히 변했다는 것이다. 앞으로 1~2년은 또 어떻게 바뀔지 상상이 안 된다고 했다.

나도 나의 내일이 기대된다. 그도 그럴 것이 나는 목표를 달성하면 그 성과를 발판 삼아 더 큰 목표를 세웠다. 그래서 멈추지 않고 성장할 수 있었다. 내가 '초인'이라고 불리는 이유이기도 하다.

잘 모르는 사람이 보면 짧은 시간에 수익을 크게 늘린 것이 '갑작스러운 일'로 보일 수도 있다. 앞에서도 이야기했지만 모든 성공에는 지난한 과정이 있다. 나 역시 매일 출근하며 책을 읽고 블로그에 글을 썼다. 독서 모임을 하고 강연도 했다. 돈 한 푼 없으면서 임장을 다니고, 하루도 빼놓지 않고 몇 시간씩 경매 물건을 찾았다. 그러면서 돈은 지독히 안 쓰고 모았다. 하고 싶은 것, 먹고 싶은 것 다 참았다. 나뿐 아니라 아내도 마찬가지였다. 취미니 여가니 하는 건 우리에겐 사치였다.

그 힘겨운 하루하루를 쌓아나가면서 기회가 보였을 때는 망설이지 않고 잡았다. 돈을 모으는 족족 투자를 해서 그것이 수익으로 돌아오기를 기다렸다. 그러자 어느 순간부터 돈의 물꼬가 트이기 시작했고, 시간이 좀 흐르자 놀라울 정도로 돈이 밀려 들어왔다.

모든 성장은 계단식이다. 부를 이루는 과정도 마찬가지다. 처음 하나의 계단을 오르기는 힘들지만 그다음 계단, 또 그다음 계단을 오를 때는 더 높고 빠르게 뛰어오를 수 있다. 물론 운이 좋았던 덕도 있다. 하지만 아무것도 하지 않는 사람에게는 운도 피해 간다. 나는 마치 투망을 던지듯 가능한 한 모든 투자를 했고, 그 그물에 운이 걸리기를 기다렸다. 이건 결코 '운'만으로 되는 일도 아니고 '갑자기' 이뤄지는 일도 아니다.

## 2장

성장의 하루

# 자수성가도
# 혼자서는 불가능하다

─────── 인터넷 세상은 나에게 신세계였다. 현실에서는 만날 일 없는 다양한 사람을 만날 수 있었기 때문이다. 블로그와 온라인 카페를 운영하며 다양한 사람과 교류하는 게 즐거웠고, 내가 관심을 가진 분야를 함께 공부하는 게 좋았다. 그래서 독서 모임뿐 아니라 자전거 모임, 봉사 모임, 문화유산 답사 모임 등 참 많은 모임을 가졌다.

독서 모임을 진행할 때였다. 장소 대여비와 음료비를 내기 위해 5000원에서 1만 원의 참가비를 받았는데, 여기에 불만을 표현하는 사람들이 생겼다. 내가 좋아하는 일이라서 열심히 했는데 사람들의 요구는 점점 많아졌다. 힘은 힘대로 드는데 시간과 에너지를 뺏기고 정신적으로도 피폐해졌다. 뭔가 잘못됐다는 생각이 들었다.

좋아하는 일을 해서 얻은 커뮤니티와 인맥은 매우 도움이 된다. 온라인 세계에서 잘 키운 커뮤니티와 회원들은 무형의 자산이 될 수 있다. 좋아하는 일을 열심히 하면 돈은 따라온다고들 하지 않던가. 그런데 꼭 그렇지만도 않다. 그게 꼭 수익으로 연결되리라는 보장은 없다. 그냥 좋아하는 일을 하는 사람이 될 수도 있다. 사람과 돈을 연결시키는 방법을 나는 나중에서야 깨달았다. 그게 사업이었다.

# 기댈 곳 하나 없는
# 이들에게

세 살 때 부모님이 이혼했고 나는 조부모님 손에 맡겨졌다. 초등학교에 입학할 무렵 아버지가 새어머니와 함께 찾아왔다. 아버지는 하루 벌어 하루 쓰는 사람이었다. 젊어서부터 가정은 돌보지 않았다. 나를 데려가서는 방치하고 다시 밖으로만 돌았다. 그런 아버지에게 받은 스트레스를 새어머니는 나에게 풀었다. 이유 없는 매질이 계속되었고, 제대로 된 밥조차 먹어본 적이 없다. 나는 새어머니의 학대로 정신과 육체 모두 병들었다.

다행히 3년 후 친어머니가 나를 데려갔다. 초등학교밖에 못 나온 어머니는 아버지와 이혼 후 미용 기술을 배워 미용실을 차렸다. 어떻게든 자식들을 데려와야겠다는 일념으로 미용실 한쪽에 커튼을 쳐서 생활하며 버텼다고 했다. 나를 데리고 온 이후로는 아들 하나 잘 키워보겠다고 8학군에 속하는 방배동 반지하로 들어갔다.

어머니의 바람과 달리 상대적으로 풍족했던 친구들과 비교되는 현실에 박탈감을 느끼며 나는 더 비뚤어졌다. 버림받았던 시절의 상처도 아물 기미가 보이지 않았다. 사랑받아도 모자랄 시기에 학대와 폭력부터 배운 나는 심하게 방황했다. 초등학교 6학년 때부터 가출하기 시작했고, 고등학교 때는 매일같이 오토바이를 타고 싸움을 해대서 경찰서를 드나들었다.

어쩌다 집에 전화벨 소리가 울리면 어머니는 몸을 떨었다. 십중팔구 내가 사고를 쳐서 경찰서에 있다는 연락이었기 때문이다. 어머니는 신경안정제를 먹지 않고는 생활할 수 없는 지경에 이르렀다.

나는 천하의 불효자였다. 하지만 나도 나 자신을 어찌하지 못했다. 내 안에 가득 찬 분노가 나를 폭주하게 만들었다. 나에게 상처를 준 부모가, 불공평한 세상이 미웠다.

# #날_이끌어줄_사람이_없다면

주변을 살펴보자. '저 사람처럼 살고 싶다'든가 '저 사람처럼 하면 나도 잘살 수 있겠구나' 싶은 사람이 있는가? 혹은 나를 더 노력하게 만들거나 더 나은 사람이 되게끔 이끌어주는 친구가 있는가?

나에게는 아무도 없었다. 나는 뭘 어떻게 해야 할지 몰랐다. 부모는 물론 친척이나 주변 어른 중 누구도 내게 조언을 해주거나 나를 끌어주겠다는 사람이 없었다. 그래서 늘 세상에 혼자 남겨진 기분이었다. 누구나 이번 생은 처음이지만 먼저 가본 사람의 조언이 있었다면 내 삶이 훨씬 수월하지 않았을까, 하는 생각만 머릿속에 가득했던 적도 있다.

나와 비슷한 생각을 하고 있다면 먼저 현실을 인정할 필요가 있다. 부모를 원망하고 탓을 하자는 게 아니다. 우리의 주변에 좋은 사람을 두는 방법은 그 외에도 많다고 이야기하고 싶은 것이다. 그러니 절망할 필요가 없다.

# 성장하는 사람만
# 주변에 두어라

주변의 지인들을 잘 살펴보라. 내가 뭔가를 위해 노력하거나 변화하려 할 때 부정적으로 반응하는 사람이 있는가?

"나 돈을 좀 모아보려고."
"티끌 모아 티끌이지. 그래 봤자 부모 잘 만난 애들 발끝도 못 따라가."

"건강이 안 좋아서 살 좀 빼야겠어."
"네가 뺄 살이 어디 있어. 맛집 알아놨으니까 같이 가자."

"오늘은 공부해야 해. 다음에 보자."

"갑자기 공부한다고 되겠어? 하루 논다고 큰일 안 나."

"새로운 일을 해볼까 해."

"야, 그게 되겠냐? 그런 건 잘난 애들이나 하는 거지, 우리 같은 애들은 현상 유지만 해도 다행이야."

모처럼 용기를 내 시작하려는데 이런 말로 의욕을 꺾는 친구가 있는가? 나에게는 있었다. '우리'라는 말을 내세워 변화하려는 나를 방해하는 친구들 말이다. 그들은 내가 뭐라도 해보려고 하면 "그게 되겠냐?" "다 소용없어" 같은 말로 사기를 꺾었다. 하던 거나 잘하라는 말은 얼핏 옳기도 하지만 모든 도전을 차단하기도 한다.

'그래, 내 주제에 무슨.'

이런 생각으로 제자리에 주저앉게 만드는 것이다. 하던 대로 하는 건 쉽다. 나와 비슷한 사람들과 있으면 편하다.

'끼리끼리'라는 말이 있다. 비슷한 사람끼리 모여 이야기해 봤자 전혀 건설적인 대화가 되지 않는다. 매일 하던 이야기를 또 하고, 노력해서 잘된 사람들을 욕한다. 그렇게 부모

탓, 시대 탓, 재능 탓만 하고 서로 어쭙잖은 위로와 한탄만 나누며 계속 한자리에 머물러 있는다.

속된 말로 '노는 물이 중요하다'고 하는데, 좀 더 그럴듯한 말로는 '준거집단의 중요성'이라고 표현할 수 있다. 내가 생각하는 방식과 태도, 행동하는 방향에 결정적인 영향을 끼치는 게 바로 준거집단이다.

어머니가 나를 8학군에서 키우려 한 것도 준거집단을 바꿔주고 싶어서였다. 내게 의지가 없어서 어머니의 노력은 빛을 보지 못했지만, '근묵자흑'이라는 말은 많은 경우 현실로 나타난다. 오늘만 사는 사람 곁에 있으면 내 시야도 오늘까지이고, 내일을 준비하는 사람 가까이에 있으면 나도 내일을 대비한다.

## #사람이_바뀔_땐_말투부터_바뀐다

나는 군대에서 소위 명문대생이라는 사람을 처음 접했다. 그 친구와 잠깐 이야기했을 뿐인데 똑똑한 사람이라는 게 느껴졌다. 쓰는 단어도, 생각도, 태도도 별세계에서 온 것처럼 나나 내 주변 사람들과는 너무도 달랐다.

'이래서 사람은 배워야 한다는 건가.'

그 친구와 이야기를 나눠보니 욕설이 난무하던 나와 내 친구들의 대화와는 사뭇 달랐다. 내가 무심코 내뱉은 속어에 분위기가 싸해진 경험을 하기도 했다. 내가 살아온 것과 다른 세계가 있었다. 이를 깨닫고 나자 싸움닭 같았던 내 성격과 표정, 말투도 조금씩 변하기 시작했다.

그 뒤로 버스에서 욕을 섞어 함부로 말하는 학생들을 보면 다른 사람들이 나를 저렇게 봤겠구나 싶었다. 자연히 말을 조심하고 욕도 점점 하지 않게 됐다. 사람이 바뀔 때는 말투부터 바뀐다.

군대를 제대한 후에는 예전에 같이 오토바이를 타던 친구들과는 서서히 멀어졌다. 나는 조금 더 발전하는 삶을 살고자 했는데 친구들은 여전히 변함이 없었다. 나이는 먹었는데 중고등학교 시절과 똑같이 험하게 말하고 생각 없이 행동하고 내일이 없는 양 살고 있었다. 내가 노력하는 걸 보고 "그딴 건 뭐 하러 하냐" "네가 언제부터 책 읽었다고"라고 말하기도 했다. 뒤에서 내 험담도 했다. 그 친구들에게 더 이상 미련이 없었다.

'그래, 너희들은 너희들 인생 살아라. 나는 내 인생 새롭게 살 테니까.'

친구는 내가 선택할 수 있다. 내가 사는 동네, 내가 다니는 학교에는 이런 애들밖에 없다고? 그렇다면 친구를 안 사귀는 게 낫다. 십년지기, 소울메이트 같은 치기 어린 말에 얽매이지 마라. 친구는 내가 잘되면 얼마든지 생긴다.


## #더_나은_사람들에_둘러싸여라

주변 사람들을 바꿔야 하는 건 알겠는데, 대체 어떻게 해야 한단 말인가. 그런 사람들을 어디서 찾고, 어떻게 내 사람으로 만드는가.

친구나 지인과 나누는 대화가 허공만 맴돌고 나에게 아무런 자극이나 영감, 도움을 주지 않는다면 자신의 준거집단을 다시 살펴볼 필요가 있다. 그리고 더 나은 사람들로 바꾸려는 노력도 필요하다. 나보다 나은 삶을 살고 있는 사람을 만나라. 여기에는 책도 포함된다. 직접적으로 만나지 않더라도 그런 사람들의 말을 많이 들어보자. 성공이 기대되는 사람들과 교류하라.

요즘은 준거집단을 바꾸거나 찾기가 예전보다 훨씬 쉬워졌다. 옛날처럼 한 동네에서 나고 자라면 주변 사람들을 바꾸기 힘들지만 요즘은 인터넷으로 전 세계가 연결되는 시대 아닌가. 몸은 여기에 있어도 내 방에서 다른 사람과 얼마든지 교류할 수 있다. 더 이상 내 주변에 좋은 사람들이 없다고 불평만 할 순 없다. 적극적으로 더 나은 준거집단을 찾아나서라.

독서 모임, 투자 모임, 영어 스터디 모임 등 나와 관심사가 같은 사람이 모여 있는 곳을 찾아보라. 그들에게 배울 점이 분명 있을 것이다. 그런 모임을 찾는 사람은 내가 관심 있는 것과 자기계발을 위해 시간과 때로는 돈까지 투자할 정도로 열정이 있고 더 나은 삶을 살고 싶은 의지가 강하다. 그런 사람은 에너지부터 다르다. 그들과 함께하면 나 역시 자극을 받고 새로운 원동력이 생긴다. 좋은 인연으로까지 이어진다면 더할 나위 없다.

나와 다른 분야의 사람을 만나면 내 시야가 넓어진다. 서로 현실적인 도움을 주고받을 수도 있다. 처음엔 접근하기 쉬운 온라인으로 시작하더라도 가능하면 오프라인 모임에도 참여하기를 권한다. 직접 만나고 대화하면서 얻는 게 더 크기 때문이다.

나는 블로그를 통해 모임을 직접 만들었다. 독서 모임이나 답사 모임 등을 꾸렸고 온라인 카페를 만들어서 정모를 가지며 다양한 사람을 만났다. 그들 대부분이 나보다 나은 사람들이었기 때문에 정말 많은 도움을 받았고 좋은 자극도 얻었다.

주변에 나보다 나은 사람을 둬라. 그런 사람이 많은 곳을 가라. 어제보다 더 나은 사람이 되려고 노력하라. 부정적인 말에 휘둘리지 말고 내 인생의 주인이 돼서 살 방법을 고민하라.

# 나의 세계를
# 넓히는 방법

군대에서 명문대생 동기에게 어떤 식으로 생각하고 공부하고 실행해 나가는지 배웠다. 당시 나는 책을 막 읽기 시작한 터라 더 나은 사람이 되고 싶다는 열망에 가득 차 있었다. 지긋지긋한 돈 걱정에서 벗어난 삶을 살고 싶었다. 내가 스스로를 좋아하고, 다른 사람들에게도 인정받고 싶었다.

그러던 어느 날 행정실 문을 열었는데 벽에 붙어 있는 '교육부 선정 한자 1800자' 포스터가 눈에 들어왔다. 이걸 한번 외워보기로 했다. 군대에서 노트를 들고 다닐 순 없는 노릇이니, 경계근무를 서는 1시간 반 동안 외울 생각으로 손바닥에 몰래 두 자씩 적어 갔다. 차고 있던 대검으로 흙바닥에 써보기도 했다.

그 이후로 지루하기만 했던 경계근무 시간이 아무에게도 방해받지 않는 나만의 공부 시간으로 바뀌었다. 한자에 차츰 익숙해지니 고사성어에도 눈이 갔다. 그래서 사자성어까지 하루에 총 여섯 자씩 손바닥에 써서 근무에 나갔다.

어느덧 간부 책상 위에 있는 신문으로 눈이 갔다. 요즘과 다르게 당시 신문에는 한자가 많이 쓰였기 때문에 이전에는 거들떠보지도 않았는데, 무슨 자신감인지 쓱 훑어보았다. 그런데 그림으로만 보이던 한자들이 읽히는 게 아닌가. 글자가 읽히자 문장의 뜻을 이해할 수 있었고 새로운 지식도 얻을 수 있었다. 이게 바로 배움의 기쁨임을 깨달았다. 내 인생에서 처음으로 공부에 푹 빠진 시기였다.

그렇게 책을 읽고 한자를 외우고 영어를 공부하기 시작했다. 그걸 해서 뭘 하고 싶은지는 아직 몰랐다. 하지만 뭐라도 해야 했다. 어릴 때 시간을 허투루 쓰며 생각 없이 살았으니, 그 시간을 다 메우려면 무엇이든 열심히 해야 했다.

# #지하철에서_공부법_묻기

"너는 어떻게 공부하냐?"

군대 동기에게 공부법을 묻고 책도 보면서 열심히 공부했다. 그 결과 엉망이었던 전문대 성적이 평균 A+로 바뀌었다. 하지만 무엇을 하며 먹고살아야 할지 막막한 건 여전했다. 지방에 있는 전문대를 다녔고 변변한 스펙도 없는 내가 할 수 있는 게 아무것도 없었다. 이 넓은 세상에서 나를 원하는 곳은 없었다.

'내가 속할 곳은 어디일까.'

보이지도 않고 한곳에 머물지도 않는 먼지처럼 세상을 떠도는 기분이었다. 그때 다른 친구의 말에 혹했다.

"할 일 없으면 나랑 같이 경찰 시험이나 준비하자."

나 같은 사람이 가장 쉽게 구원받을 수 있는 길은 시험일지도 모른다고 생각했다. 공부는 시작했는데 생전 공부라곤 해본 적이 없으니 어떻게 해야 할지 몰랐다. 시험 과목이 다섯 과목인데, 다섯 과목을 어떻게 동시에 공부한단 말인가? 한 과목을 공부하고 다른 과목을 공부하는 동안 까먹지 않나? 공부머리가 없는 나로서는 도저히 대책이 안 섰다. 주변에 조언을 구할 사람도 없었다.

그런 고민으로 머리가 꽉 막힌 어느 날 지하철을 타고 가는데 명문대 '과잠바'를 입은 사람이 눈에 띄었다. 절실함이 용기를 불러일으켰다.

"저기요, 저 이상한 사람은 아닌데, 제가 공부라는 걸 한 번도 해 본 적이 없거든요. 다섯 과목을 공부해야 하는데 어떻게 해야 할까요?"

질문을 받은 대학생은 크게 당황한 듯했지만 내 눈빛이 간절했는지 몇 마디는 해주었다. 그때부터 지하철에서 명문대 과잠바를 입은 사람이 보이면 계속 공부법을 물었다. 고맙게도 대부분 친절하게 대답해 주었는데, 공통적으로 이야기하는 것들이 있었다. 엉덩이 무겁게 꾸준히 공부해야 한다는 것, 주요 내용을 한 권에 요약하는 단권화를 하라는 것이었다.

'아하! 그렇게 하면 여러 과목을 공부해도 잊어버리지 않겠구나.'

만약 온라인 게시판에 "공부 어떻게 하나요?"라고 묻는 글을 올렸다면 너무 1차원적인 질문이라 댓글이 하나도 달리지 않을 수도 있다. 그렇지만 지하철에서 한 명을 지목헤 직접 물어보니 무시하지 않고 뭐라도 답을 해 주었다.

물론 이건 극단적인 경우라 좋은 방법이라고 권하기는 힘들다. 지금 생각해 보니 같은 시험을 준비하는 온라인 커뮤니티에 가입해 정보를 얻거나 오프라인 스터디 그룹에 참여하면 좋았을 것이다.

훗날 영어를 공부할 때는 나도 그렇게 했다. 나는 영어를 잘하고 싶었다. 영어만 잘해도 먹고사는 데 문제없을 것 같고, 내 인생이 안 풀리는 게 다 영어 때문인 것 같았다. 그래서 영어 관련 인터넷 카페에 가입했다. 그 카페에서 진행하는 프로그램이 있어서 없는 돈을 모아 수업도 들었다.


# #만나는_사람만_만나지_마라


"저는 내성적이라 사람들한테 먼저 말을 못 걸어요."

이렇게 말하는 사람들이 있다. 타고난 성격이나 성향을 무시하자는 건 아니다. 하지만 후천적으로 어느 정도는 바꿀 수 있는 게 성격이기도 하다. 나도 어렸을 때는 엄청 낯을 가렸다. 그런데 너무 간절하니까 지하철 한복판에서 낯선 사람한테 말을 걸고 있었다.

한 번이 어렵지 그다음부터는 점점 쉬워진다. 그렇게라도 해야 뭔가 얻는 게 있지 않겠는가. 동쪽에서 귀인이 나타나길 가만히 기다리고만 있을 건가? 내가 알고자 하는 분야에 관심 있는 사람들이 모인 곳을 가면 새롭게 시작하는 것에 대한 두려움도 덜 수 있다. 그 안에는 나처럼 초보도 있고, 내가 헤맬 때 도움을 구할 사람도 있다. 그러니 만남에 대한 두려움을 내려놓자.

무조건 많은 모임에 얼굴을 내밀라는 뜻은 아니다. 이런 사람은 맨날 바쁘다고 하지만 결국 실속은 없다. 사람들한테 휘둘리느라 진만 빠지고 오히려 손해를 보기도 한다. 전략적으로 내가 관심 있는 분야의 사람들을 만나기 위해 노력하라.

맨날 만나는 사람만 만나서는 발전이 없다. 서로를 깊이 알고 이해하는 깊은 관계도 물론 중요하지만 좀 더 마음을 열고 다양한 사람을 만나며 나의 세계를 확장하길 권한다.

# 열등감을
# 불쏘시개로 만들기

독서를 시작한 초기에는 모든 책이 진실이고 진리라고 믿었다. 어떤 책도 거짓을 말할 리가 없다고 철석같이 믿은 것이다. 내 첫 멘토와도 같았던 군대 동기가 책을 읽어보라고 말한 순간부터 책은 항상 옳다는 생각을 가지고 무조건 따랐다.

하지만 책도 때로 거짓을 말한다는 걸 나중에야 알았다. 나는 《일독일행 독서법》에서 한 권의 책을 읽고 내 것으로 만들려면 하나의 실행이 뒤따라야 한다고 강조했다. 마음을 움직이는 책의 핵심 주장 한 가지를 따라 하려고 노력했는데, 그중에는 효과가 의심되는 것도 있었다. 그래서 직접 실행해 보면서 내게 별로 도움이 되지 않는 것들을 분류해 걸러냈다. 최소한 나에게는 거짓인 내용이 존재했다.

'간절히 원하면 이루어진다.'

나는 이 말을 받아들이기 힘들다. 내가 한창 자기계발서에 빠졌을 무렵 이 말은 나에겐 무조건 믿어야 할 진리였다. 하지만 이 말을 지금까지 한 번도 경험하지 못했다. 나의 세상에서 실행이 없는 믿음은 의미가 없었다.

세상에는 믿음뿐 아니라 그 믿음을 실천하는 올바른 방법을 전하는 종교가 있는 반면, 믿음을 이용해 자신의 사리사욕을 채우는 사이비도 존재한다. 마찬가지로 올바른 정보와 실행법을 알려주는 책이 있는가 하면, 진정성 없는 내용을 교묘하게 포장한 책도 있다.

나는 시간이라는 대가를 지불하며 무수한 책을 접하고 나서야 비로소 둘을 구분할 수 있었다. 무엇을 하든 경험과 시간이 꼭 필요한 이유다.

# #누구도_완벽하지_않기에_서로에게_배운다

처음 책을 읽을 때는 작가가 너무나 대단해 보였다. 이렇게 훌륭한 사람이라면 나를 이끌어주지 않을까, 좀 더 빠르게 성공할 방법을 알려주지 않을까 하는 기대감도 들었다. 그래서 저자에게 이메일을 보내기도 했고, 저자 강연회에 참석해 질문을 던지거나 연락처를 묻기도 했다. 나보다 뛰어난 사람한테 의지하고 싶은 마음이 컸던 것이다.

실제로 유명 작가 밑에서 일해보기도 했다. 그 과정에서 베스트셀러 작가나 많은 사람이 동경하는 사람도 결코 완벽하진 않다는 것을 깨달았다. 성공한 사람이라고 해서 반드시 인격까지 훌륭한 것은 아니다. 자신의 분야에서 최고라고 해도 모든 분야에 능통하지도 않다. 세상에 완벽한 사람은 없다. 누구에게든 배울 점이 있을 뿐이다.

그리고 그 사람의 방법이 나한테 꼭 적용되는 것도 아니다. 자기계발서에서는 저자를 아주 대단한 사람처럼 포장하고 부풀리는 경우도 없지 않다. 그러다 보니 읽는 사람은 그에 대해 완벽한 이미지를 그린다. 이 책을 읽는 분도 꼭 기억하면 좋겠다.

# #장점만_취하라

나도 애초에 독서가가 되거나 위대한 작가가 되려고 책을 읽었던 건 아니다. 독서가 내가 하는 일에 유용하리라는 계산이나 전략도 전혀 없었다. 그저 지금까지 살아온 내 모습이 너무 싫어서, 그 열등감에서 벗어나 다른 인생을 살고 싶다는 열망으로 책에 몰입했다. 그 안에서 나와 내 삶을 바꿔줄 보석 같은 지혜를 발견하기를 희망하면서 말이다.

누구나 인생은 처음이다. 실패가 두렵고 실수를 줄여 더 빠르고 매끄럽게 나아가고 싶다. 그래서 롤모델을 찾는 지도 모르겠다. 더군다나 나처럼 주변에 믿고 의지할 사람 하나 없으면 더 그렇다. 더 잘 살고 싶어서, 더 나은 사람이 되고 싶어서 롤모델을 찾는 건 나쁠 게 없다. 하지만 그게 누구든 신봉하지는 말아야 한다.

나도 인생의 롤모델 혹은 멘토를 찾고 싶었다. 어렸을 때부터 멘토가 있었다면 이렇게 돌아가지는 않았을 거라고 생각했다. 나를 바른 길로 이끌어주는 사람이 없었기 때문이다. 한편으로는 그런 사람이 있었더라도 내가 과연 그의 말을 들었을까 하는 의문도 든다. 모든 일에는 때가 있다고 하는 말의 의미를 알 것도 같다. 꼭 경험해 봐야 아는 것도 있는 법이다.

롤모델이나 멘토가 한 사람이어야 한다는 법은 없다. 그 사람이 뛰어난 분야나 장점만 배우면 된다. 어떤 사람을 신봉하고 타인에게 의지하는 마음을 갖는 순간부터 그 사람에게 휘둘린다. 그 사람 말을 듣지 않으면 성공하지 못할 것 같은 마음이 든다. 심하면 갑질까지 당한다. 이런 예는 얼마든지 많다.

성공했다는 사람들이 다 훌륭한 사람은 아니다. 한 분야에서 남다른 두각을 드러낸 사람이니 좋은 점만 배우려고 노력하면 된다. 나는 누구도 아닌 나 자신의 신봉자가 되어야 한다.

## #노벨문학상_수상_작가들의_공통점

'노벨문학상을 받은 위대한 작가들에게는 대체 어떤 재능과 비범함이 있는 것일까?'를 궁금해한 사람이 있었다. 그 의문을 풀기 위해 여러 작가와 인터뷰를 했지만 마땅한 답을 얻지 못했다. 그는 고민 끝에 방법을 바꿔서 작가의 글을 다루는 편집자에게 물어보기로 했다. 편집자는 작가와 오랫동안 호흡을 맞추며 일을 했으니 답을 알 거라고 여긴 것이다.

여러 편집자와 인터뷰를 거듭한 끝에 그는 비로소 위대한 작가들의 공통점 두 가지를 발견했다. 첫 번째는 열등감에 빠져 있었다는 것이고, 두 번째는 열등감을 이겨내려는 의지가 강했다는 것이다.

작가들은 자신이 가진 열등감을 극복하기 위해 끊임없이 의지를 불태우며 분발했다. 어느 정도 성과를 거둔 뒤에도 거기에 만족하지 않고 더 높은 경지에 오르기 위해 또다시 자신을 단련시켰다. 여기서 중요한 건, 그들이 노벨문학상이라는 거창한 목표를 달성하려고 노력했던 건 아니라는 점이다. 작가로서 자신이 지향하는 가치와 성취를 위해 부족한 부분을 갈고닦았을 뿐이다.

부족하다는 건 채울 수 있다는 뜻이고, 약하다는 건 강해질 수 있다는 뜻이다. 열등감은 나를 태워버리는 불덩이가 아니라 부단히 노력하게 만드는 불쏘시개다. 부족한 자신을 인정하고, 자신의 위치에서 스스로 한발 한발 나아갈 수 있도록 자극한다.

내게 열등감은 어떤 태도로 살아가야 할지 알려주는 인생의 나침반이 되었다. 열등감도 잘 활용하면 성장의 동력이 된다. 현재의 부족한 자신을 부정하거나 포기하지 말고 한 걸음이라도 나아지기 위한 발판으로 만들자. 열등감은 아주 좋은 연료가 되어줄 것이다.

# 자수성가는
# 혼자 성공하는 게 아니다

자수성가(自手成家)는 '자기 손으로 집을 이룬다'는 뜻이다. 즉 안 좋은 환경에서 혼자 힘으로 집안을 일으키거나 큰 성과를 이룬 사람을 뜻한다. 그러나 착각하지 말아야 한다. 세상에 혼자 성공하는 사람은 없다. 직접적으로든 간접적으로든 다른 사람의 영향과 도움으로 성공은 이루어진다.

오히려 자수성가하기 위해서는 타인의 힘이 꼭 필요하다. 특히 나처럼 타고난 능력이나 배경이 없을수록 그렇다. 물론 타인과의 연결고리는 내가 직접 만들어야 한다. 주변을 좋은 사람으로 채우려면 노력이 필요하다.

사람은 성공을 이루는 데 중요한 요소다. 나의 영역을 확장시켜 주고, 내 생각의 범위를 넘어선 일을 할 수 있게 해준다. 누구도 완벽하지 않다. 아무리 잘나도 모든 일을 혼자 다 할 수도, 잘할 수도 없다. 미국 데일 카네기 협회에서 성공한 사람들 1만 명을 대상으로 성공 비결을 조사했더니 재능이나 기술, 노력이라고 답한 비율은 15퍼센트에 불과했고, 나머지 85퍼센트는 인간관계 덕이라고 답했다. 다른 사람들과의 좋은 연결을 만들어 나의 내면과 일과 삶을 더욱 풍요롭게 만들어야 한다.

## #먼저_찾아오는_사람_되기

돌이켜보면 새로운 도전의 기회는 언제나 사람을 통해 왔다. 처음부터 그랬던 건 아니다. 오히려 반대다. 사람들한테 거절당하고 거부당하는 데 익숙했다. 어릴 때는 나를 보고 혀를 끌끌 차는 어른들에 익숙했고, 사회에 나와서도 나를 바라보는 주변의 시선이 곱지 않았다.

특히 통신사에서 해지 방어 업무를 담당할 때는 고객에

게 안 좋은 소리를 많이 들을 수밖에 없었다. 블로그 마케팅 일을 할 때는 내 인생에서 가장 많이 거절당했던 것 같다. 명함을 주고 뒤돌아서자마자 찢어버리는 사람도 많았다. 그 모습을 볼 때마다 나는 각오를 다졌다.

'사람들이 나를 찾아오게 만들자. 그러려면 내가 줄 것이 있어야 한다.'

지금은 누군가를 찾아갈 필요가 없다. 이제는 변호사도 의사도 내 강의를 들으러 온다. 예전 같았으면 내가 어찌 그런 사람들과 친분을 맺을 수 있었겠는가. 이제는 그들이 먼저 열린 마음으로 내게 다가와 준다.

자신만 얻으려 하고 상대방을 이용하려고 든다면 결과적으로 손해를 볼 수밖에 없다. 당장은 상대방에게 얻을 게 있더라도 그의 믿음은 얻지 못하기 때문이다. 그래서 윈윈하려는 노력을 해야 한다.

뭔가를 얻겠다고 눈에 불을 켠 사람은 다른 사람들이 피한다. 기브 앤 테이크가 되어야 한다. 세상에 공짜가 없다는 말을 깊이 받아들여야 한다. 술 한잔 하면서 형님 동생 하면 친해질 것이라고, 그 사람이 나를 도와줄 것이라고 생각하지 마라. 나도 상대방에게 줄 게 있어야 한다. 남에게 먼저 줄 수 있는 사람이 되어야 한다. 그래야 동등한 관계가 성립되고 함께 성장할 수 있다.

# #줄_수_있는_것_개발하기

"지금은 줄 게 없는데 저한테는 기회가 없을까요?"

나 자신을 갈고닦고, 다른 사람에게 줄 만한 걸 만들 시간은 필요하다. 그것이 1년이 될지 2년이 될지는 알 수 없다. 그러니 서두르지 마라. 스스로에게 투자하지 않으면서 다른 사람에게서 쉽게 뭔가를 얻으려 한다면 요주의 인물로 낙인 찍혀 주변에 사람이 남아나지 않을 것이다.

어떤 사람을 만나도 나보다 나은 분야나 장점이 반드시 있기 마련이다. 그것을 일방적으로 이용하라는 게 아니다. 서로 도움을 주고받으면 윈윈할 수 있다.

내가 사업을 확장하는 데는 사람의 역할이 컸다. 내 사업 아이템은 다 사람에게서 나왔다고 해도 과언이 아니다. 내 부족한 부분들을 채워줄 수 있는 사람들과 항상 관계를 갖고, 그들과 함께하면서 시너지 효과를 얻을 수 있는 방법이 없을까 언제나 생각한다.

내가 만나는 사람들, 다양한 분야의 전문가를 통해 더 많은 분야로 뻗어나갈 수 있다. 무조건 사람만 많이 만나는 건 소용이 없다. 일로 연결해야 남는 관계가 된다. 그래서 어떤 사람을 만나느냐가 중요하다. 발전적이고 뭔가를 하려는 의지가 있는 사람들하고 만나다 보면 그런 에너지가 계속 뭉치고 커진다.

사람을 볼 때는 말보다 경험을 봐야 한다. 말만 많은 사람, 자기 자랑을 떠벌리는데 실적은 없는 사람은 경계한다. 백 마디 말보다 그 사람이 무엇을 하며 살아왔는지를 보면 그의 능력과 됨됨이를 알 수 있다.

# 두 가지 관계가
# 모두 필요하다

앞서 인맥의 중요성에 대해 이야기했다. 투자가인 리처드 코치와 그렉 록우드도 《낯선 사람 효과》에서 성공의 중요한 요인으로 네트워크의 힘을 꼽았다. 이들이 말하는 네트워크란 '상호 연결된 사람들의 집합, 또는 의사소통을 하면서 정보를 공유하고 개인의 힘으로는 불가능한 목표를 협력을 통해 성취하는 집단'이다. 일반적으로 성공한 사람은 남들보다 더 노력했고, 실패한 사람은 그렇지 못했다고 판단한다. 하지만 주위를 둘러보면 능력 있고 노력하는 사람이 성공하지 못하는 경우도 있다. 그 열쇠가 바로 네트워크에 있다는 것이다. 책에서는 네트워크를 강한 연결과 약한 연결로 나눈다.

1) 강한 연결: 가족이나 친구, 직장 동료 등과 맺는 친밀한 관계
2) 약한 연결: 아주 친밀하지는 않지만 서로 얼굴은 알고 지내는 정도의 관계

　많은 사람이 강한 연결에 집착하는 경향이 있지만, 강한 연결에 지나치게 의존하면 오히려 고립되어 정보의 흐름에서 소외되고 자신의 삶을 바꿀 기회를 놓칠 위험이 크다. 가까운 사람들은 나와 같은 영역에 있으므로 그들이 가진 정보는 이미 나도 갖고 있는 경우가 많아 그다지 도움이 되지 않기 때문이다. 오히려 약한 연결을 가진 사람들에게서 도움이 되는 정보를 얻을 확률이 높다.
　새로운 가능성을 열 기회는 약한 연결을 통해 생기는 경우가 많다. 성공하고 싶다면 이처럼 얇고 넓은 관계를 많이 가지고 있는 게 더 유리한 것이다.

# #동업자가_찾아오다

나는 사람들과 연결고리를 만드는 걸 좋아하고 낯선 사람을 두려워하거나 경계하지 않는다. 누구를 만나든 항상 어떤 연결고리를 만들기 위해서 대화를 많이 하려고 노력한다. 그러다 보면 자연스럽게 그 사람이 나보다 뛰어난 능력을 가진 분야를 알게 되고, 그 장점을 내 장점과 결합해 시너지를 낼 수 있을지 생각한다.

내 경매 강의에 온 수강생 한 분이 시간을 좀 내줬으면 좋겠다는 의사를 전해왔다. 따로 만난 자리에서 그는 노트를 하나 꺼내 펼쳐서 보여주었다. 거기에는 만다라트 기법으로 빼곡하게 메모가 되어 있었는데, 주인공은 그분이 아니라 나였다.

"용쌤이 이런 식으로 하면 더 크게 성장할 것 같아요."

내가 더 성장하기 위해서 어떤 걸 하면 좋을지 분석한 것을 쭉 이야기해 주었다. 깜짝 놀랐다. 거기에 적힌 내용들은 내가 앞으로 꼭 하고자 하는 일들이었기 때문이다. 그중에는 나 혼자서는 아직 경험이 없고 능력이 부족해 갈피를 잡지 못 하던 일도 있었다.

그는 자신의 이야기도 들려 주었다. 건설회사에서 15년 동안 일하다가 그만둔 뒤 경매에 관심이 생겨 내 강의에 왔다고 했다.

그분과 나의 연결고리가 생겼다. 그렇게 의기투합한 우리는 새 사업을 계획했다. 내 능력을 살려 경매와 공매로 건물을 낙찰받고, 그의 능력을 살려 그 건물의 시공과 리모델링 등을 하는 것이다.

## #나보다_잘하면_모두가_스승

자신이 몸담고 있는 분야에서는 가능한 한 직접 실행하고 경험해 보는 게 중요하지만, 내 분야가 아니라면 그 분야 전문가의 도움을 받는 게 좋다. 관심은 있지만 잘 알지 못하는 분야라면 혼자서 모든 일을 다 할 수 없기 때문이다. 그러려면 200년을 살아도 모자랄 것이다. 내가 가진 경험치와 능력에 다른 사람의 경험치와 능력이 결합하면 굉장히 큰 시너지 효과가 발휘된다.

이런 경우도 있었다. 인스타그램 계정이 오랫동안 팔로

어 수가 늘지 않고 정체돼서 어떻게 해야 할지 고민했지만 답이 나오지 않았을 때였다. 마침 진행한 제주도 오프라인 모임에서 20대 두 명이 눈에 들어왔다. 어떤 일을 하느냐고 물어보니 틱톡 팔로어 수가 150만 명인 인플루언서였다. 유튜브는 50만 명이 넘고 인스타도 11만 명이 넘었다.

내 SNS가 정체되어 고민이라고 하니, 그들은 이미 내 SNS를 다 봤다며 솔루션을 주었다. 내가 기존에 하던 방식과는 다른 방식을 제안했고, 조언에 따라 바꾸었더니 팔로어가 조금씩 늘기 시작했다.

틱톡도 꼭 하라고 조언했다. 사실 틱톡은 주 이용자의 나이대가 어려서 염두에 두지 않고 있었다. 그러자 10대들이 틱톡을 많이 하는 건 맞지만, 그들도 성인이 되고 재테크에 관심을 가질 테니 미래를 위한 투자라고 생각하라는 것이다. 그때를 대비해서라도 틱톡 계정을 키워놓는 게 여러모로 이득이라고 했다. 듣고 보니 그럴듯했다.

틱톡 계정을 열고 업로드를 시작했다. 처음에는 당연히 구독자가 0이었지만 그들이 조언해 준 컨셉대로 영상을 찍고 올리자 일주일 만에 영상 조회수가 27만 4000뷰를 기록했다. 팔로어도 1700명을 넘겼다. 놀라운 경험이었다.

물론 나만 도움을 받은 건 아니다. 내가 주최한 정모에 그 친구들이 온 것은 경매 정보를 얻기 위해서였다. 당연히 경매에 관해서는 내가 성심성의껏 가르쳐주었다. 이렇게 서로의 재능과 경험을 주고받을 수 있다. 나이는 상관없다. 나보다 잘하는 게 있으면 스승이다. 어떤 분야에서 나보다 재능이 뛰어난 사람이 있다면 얼마든지 허리를 굽히고 한 수 배워야 한다.

## #나를_성장시키는_것

약한 연결은 성공에 도움이 되고, 강한 연결은 실패해도 일어설 힘을 준다. 가족은 또 다른 나의 확장이다. 잃을 것도 지킬 것도 없던 나는 아내와 결혼을 하면서 내가 그려왔던 가족이 생겼다. 돈 한 푼 없던 나와 결혼을 결심한 아내, 그것을 반대하지 않은 처갓집이 지금 생각하면 참 신기하고 감사하다. 우리 가족과 장인어른 장모님은 나를 열렬하게 응원해 준다. 내가 잘되면 잘될수록 내 주변 사람들이 정신적으로든 물질적으로든 더 편안하고 행복해진다는 걸 깨달고 난 후, 나는 더 힘을 낼 수 있게 됐다. 가족은 성장의 버팀목이다.

혼자라면 알바만 해도 살 수는 있다. 그러나 가족이 생기는 순간 미래를 생각하게 된다. 아이가 태어났을 때 내 인생은 또 하나의 전기를 맞았다. 기쁘면서도 동시에 어깨가 엄청 무거워졌다. 아이가 생기면 다음 세대까지 생각이 확장된다. 내가 죽은 이후까지 생각하게 된다. 사랑하는 사람, 지켜야 하는 사람들이 생기면 땅에 발을 단단히 디디고 더 높이 점프할 수 있다.

# #배워서_남_주기

지금은 직원들까지 생겨서 지킬 것이 더 많아졌다. 직원과 그 가족의 평안이 어쩌면 내 손에 달려 있기 때문이다. 내가 회사 운영을 잘하면 적어도 그들이 경제적 어려움을 겪을 확률은 낮을 것 아닌가. 그 책임은 무겁다. 그러나 나를 짓누르는 무거움이 아니라 나의 뒤를 밀어주며 성장을 응원하는 묵직함이다.

혹자는 직원에게 왜 사업가 마인드를 심어주느냐, 돈 버는 노하우를 왜 이렇게 쉽게 가르쳐주느냐고 묻는다. 그러면 직원이 금방 독립할 것이고 또 새로운 사람을 뽑아서 처음부터 다시 가르쳐야 하지 않겠느냐는 것이다.

내 생각은 다르다. 직원들이 뭔가를 배워서 나간다 하더라도 내가 지금까지 쌓은 경험과 노하우, 사업체를 짧은 시간에 만들기는 힘들다. 또한 직원들에게 그만큼 보상해 주는 건 나 자신을 위한 것이기도 하다. 그래야 더 많은 인재가 유입될 것이고, 기존 직원은 수입이 늘고 성장해야 계속 머물러줄 것이다. 회사에서 운영하는 강연 플랫폼을 통해 직원들이 강의를 하거나 책을 쓸 수 있게끔 돕고, 자신의 브랜드를 만들도록 지원하는 것도 그 일환이다.

직원들이 평생 내 밑에만 머무는 것도 좋은 일은 아니다. 내가 만든 법인이 많은데, 나중에 직원들이 성장해서 자회사 하나씩을 맡아 이끌어갔으면 하는 바람이다. 그래서 그들이 대표가 될 수 있도록 훈련시킨다.

대표가 되고 직원을 뽑아보면 이전과는 다른 시각에서 회사 운영을 생각하게 된다. 직원에게 월급을 주는 게 어떤 의미인지를 이해하면, 아까울 수도 있고 직원들의 가족까지 책임져야 한다는 부담을 느낄 수도 있다. 그리고 그런 감정이 더 책임감 있게 일하는 원동력이 된다. 직원들이 성장할수록 나와 회사도 더 성장한다.

세상에 나 혼자 잘나서 할 수 있는 건 아무것도 없다. 내가 다 할 수도 없다. 나는 지금 리더의 자리에 있으니 리더의 역할을 충실히 수행하려 노력한다. 직원들이 시너지 효과를 일으키며 일을 잘할 수 있도록 판을 만들어주고, 미래에 대한 비전을 제시한다. 당장 주머니가 두둑해야 비전도 보이는 법이다. 또한 내가 먼저 열심히 노력하는 모습을 보이면서 솔선수범하면 직원들도 자연스럽게 따라온다. 내 주변에 있는 모든 사람이 함께 성장했으면 한다.

지킬 사람이 있는 것과 없는 것의 마음가짐은 크게 다르다. 아무것도 없던 시절에 나는 적개심으로 가득했다. 세상 사람들이 다 적으로 보였다. 그러다 사랑하는 사람이 생기고 지킬 게 많아지자 더 열심히 땀을 흘렸고 더 성장했다. 나 혼자서만 잘살겠다가 아니라 더불어 잘살겠다는 마음이 더 많은 기회와 행운을 가져다줄 것이다.

# 좋아하는 일만 하면
# 돈은 따라오지 않는다

돈을 벌려면 내가 좋아하는 일만 해서는 안 된다. 그럼 어떻게 해야 할까? 질문을 바꿔야 한다. 전에는 이런 질문만 수없이 던졌다.

'어떻게 하면 성공할 수 있을까? 돈을 많이 벌려면 어떻게 해야 할까?'

그러다 질문 자체가 잘못되었음을 깨달았다. 짝사랑하는 사람이 있다고 치자. 그 사람과 우연히라도 마주치려면 어떻게 해야 하는가? 그 사람이 자주 다니는 곳에 나도 자주 가야 한다. 그래야 기회라도 잡을 수 있지 않겠는가. 돈도 마찬가지다. 우리는 모두 돈을 짝사랑한다. 그럼 돈이 지나다니는 길목에 서 있어야 구경이라도 할 것 아닌가.

그래서 질문을 바꿨다.

'돈이 지나는 길목은 어디인가?'


## #질문을_바꿔야_돈이_따라온다


그래서 돈이 모이는 시장인 부동산을 시작했다. 한번은 돈이 부족해서 지인들을 모아 공동투자를 했다. 경매 절차를 가장 잘 아는 내가 자연스럽게 진행을 맡았다. 그때까지는 지인과 함께하는 것이니 만큼 기름값도 따로 받을 생각이 없었다. 내가 하는 일이 많다는 걸 알게 된 지인들이 먼저 나서서 수고비를 챙겨주었다.

이때 깨달았다. 남들은 어려워하고 번거로워하는 일, 그러나 나는 경험이 있어 비교적 수월하게 할 수 있는 일을 대신해 주면, 그게 바로 돈이 된다는 것을 말이다.

이후 돈 되는 일을 찾는 질문을 다시 한 번 바꿨다. 그전에는 나에게 초점을 맞춰 질문했다면 이번에는 다른 사람에게 초점을 맞춰 질문했다.

'남들이 어려워하고 힘들어하고 귀찮아하고 번거로워하고 까다로워하는 일이 뭐지?'

그런 일이 있다면 내가 그 일을 대신해 주고 돈을 받을 수 있을 것이다. 남들이 힘들어하고 어려워하고 짜증 나고 괴로워하고 고통스러워하는 것 중에서 내가 대신해 줄 수 있는 게 무엇인가? 질문을 바꾸자 내가 무엇을 해야 돈을 벌 수 있을지 보이기 시작했다.

**1) 이전의 질문**

날 도와줄 사람이나 조직이 없을까?

저 사람이 나한테 뭘 해줄 수 있을까?

어떻게 하면 사람들한테서 더 얻을 수 있을까?

**2) 이후의 질문**

내가 다른 사람한테 도움이 될 수 있는 일이 뭘까?

내가 줄 수 있는 가치나 능력은 뭘까?

다른 사람이 힘들어하는 일을 쉽게 만들어줄 수 있을까?

이메일이나 메신저를 통해 계약서에 사인을 할 수 있는 '모두싸인'이라는 서비스가 있다. 굳이 만나지 않아도 온라인상에서 계약을 맺을 수 있는 툴이다. 얼마나 편한가. 그러니까 당연히 많은 사람이 사용한다. 이 역시 질문을 바꾸었기 때문에 생각해 낼 수 있는 사업 아이디어다.

# #나만이_할_수_있는_일_찾기

독서 모임은 내가 좋아하는 일이었지만, 결코 돈이 되는 일은 아니었다. 그렇다고 아예 접은 것은 아니었다. 횟수를 줄였을 뿐이다. 내가 좋아하는 일을 그만둘 필요는 없다. 다만 여러 일을 시도하면서 '사람들이 귀찮아하지만 내가 대신해 줄 수 있는 일'에 중점을 두고 찾으면 된다.

경매라고 하면 다들 낙찰받기도 어렵고 권리분석도 어렵다고 생각한다. 그럼 내가 쉽게 만들어주면 되겠다는 느낌이 들었다. 그래서 블로그에 경매 과정을 포스팅하며 필요한 서류들도 모두 다운로드 받을 수 있게 했고, 최종적으로 혹시라도 빠뜨린 게 있는지 한 번 더 확인할 수 있게 체크리스트도 제공했다. 법원에 가서 절차를 밟을 때 체크리스트를 확인하면 원활하게 일을 완료할 수 있다. 이렇게 하면 초보도 한 번에 매끄럽게 일을 처리할 수 있다. 내가 한 시간 걸려 한 일을 5분, 10분이면 끝낼 수 있다.

물론 무료다. 바로 수익이 되진 않더라도 내 가치를 높이는 일이기 때문이다. 강의할 때도 필요한 자료를 모두 제공했다. 그랬더니 사람들의 만족도가 커지고 입소문을 타 더 많은 사람이 내 강연을 찾았다.

생각을 전환하자 할 수 있는 일이 점점 많아졌다. 소송이 어렵다면 소송을 쉽게 하도록 도와주면 된다. 부동산 임장을 할 때도 뭘 봐야 할지 모르겠다는 사람이 많다. 그러면 임장을 쉽게 해주는 프로그램을 만들면 된다. 그렇게 더 큰 사업으로 점점 확장되었고, 당장은 아니더라도 장기적으로 더 큰 수익을 기대할 수 있게 되었다.

## #아이디어를_연결하고_확장하라

경매, 공매를 해서 수이을 남기다 보면 돈 버는 재미를 느낀다. 나는 여기서 멈추고 싶지 않았다. 하나를 열심히 해서 성과를 남기니, 다른 아이디어도 자연스럽게 떠올랐다. 처음에는 블로그에 경매를 연결했다. 이 내용을 강연으로 만들었다. 그 후 법인을 만들어 건물 리모델링과 신축, 토지 개발 등으로 연결시켰다. 낙찰받은 건물에 업장을 운영하는 것도 그 일환이다.

또 다른 예로 이런 것도 있다. 경매를 하면 부동산을 매입하는 일이 많아진다. 그만큼 중개수수료를 내야 하니 중개소를 직접 차리는 것도 생각해볼 수 있다. 나는 공인중개사 자격증이 없기 때문에 믿을 만한 공인중개사에게 투자해 부동산중개법인을 설립한다. 나 혼자 다 하려고 하기보다(그럴 수도 없지만) 전문가와 연계해서 사업을 확장하는 것이다.

지금은 부동산 투자를 쉽게 할 수 있는 온라인 시스템을 만들고 있다. 예를 들어 건물에 투자하고 싶어 하는 사람은 많지만 도전이 쉽지 않다. 투자 비용만 몇십억 원에 달하기 때문이다. 그러면 사람을 모아서 법인을 만들면 되지 않을까? 내가 대표를 맡아 모든 걸 추진하고 진행에 대한 일정 비용을 받는다. 나중에 건물을 매도했을 때는 투자자들이 각자의 지분만큼 수익을 나눠 갖는 시스템이다.

더 나아가 경매 관련 강의를 들을 수 있고 사람들이 모여 공부도 할 수 있는 플랫폼으로도 확장했다. 온라인에 오프라인까지 결합하는 것이다. 팬데믹을 거치면서 많은 것이 온라인에 집중되었지만 오프라인의 중요성은 여전하다. 또한 건물과 땅의 가치도 시간이 지나면서 오를 것이다. 이 모든 것이 플랫폼에 가치를 더해줄 것이다.

경험이 쌓이다 보니 사업 아이디어도 그만큼 많이 보인다. 경매뿐 아니라 부동산, 스마트스토어 등 여러 분야와 연결시켜 사업을 확장할 수도 있다. 물론 이런 플랫폼이 이미 존재하고 내가 최초는 아닐 수 있다. 그러나 처음 시작하는 사람은 시행착오를 겪기 마련이고, 후발주자는 그걸 벤치마킹하고 독자적인 색깔을 넣어 더 탄탄하게 만들면 된다.


## #끝까지_가봐야_다른_길이_보인다


내가 경험한 것들을 서로 연결하고 새로운 것을 결합하면 더욱 큰 시너지 효과를 얻을 수 있음을 깨달았다. 신이 아닌 이상 아무것도 없는 데서 뭔가를 창조할 수는 없다. 창

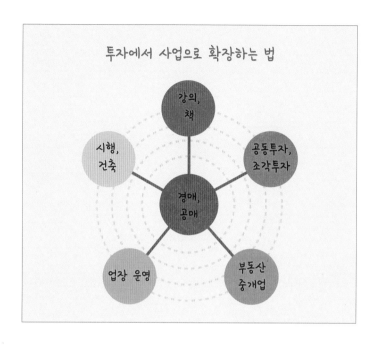

투자에서 사업으로 확장하는 법

- 강의, 책
- 시행, 건축
- 공동투자, 조각투자
- 경매, 공매
- 업장 운영
- 부동산 중개업

조는 연결에서 나온다.

무슨 일이든 확장성을 가지고 있다. 잘 보이지 않을 뿐이다. 어떤 일에 몰입해서 성과를 얻다 보면 그게 계속 뻗어나갈 것이다. 경험도 없이 처음부터 확장성을 기대할 수는 없다. 일단은 하나를 제대로 끝까지 해봐야 한다. 하나에 몰입해서 성과를 낸 다음에야 확장을 기대할 수 있다.

## 3장

도전의 하루

# 무수히 많은
# 성공의 점을 찍어라

———————— 서른넷, 처음으로 내 편이 되어준 사람과 결혼을 하기로 했다. 내가 운영하는 독서모임에서 만난 여자친구는 내 반지하 방을 보고도 나와 결혼하겠다고 했다. 헤어지자고 해도 받아들일 각오였는데, 나와 미래를 약속해 주었다.

당시 파워블로거였던 나에게 요트 프러포즈 회사에서 홍보를 부탁한 덕분에 로맨틱한 프러포즈를 준비할 수 있었다. 한강에 띄운 요트에서 그녀에게 반지를 내밀었다.

"나랑 결혼해 줄래?"

여자친구는 활짝 웃으면서 고개를 끄덕였다.

이렇게 우리는 행복한 결혼 생활을 시작했다. 영화였다면 여기서 해피 엔딩으로 끝났겠지만 삶은 계속된다. 다음 날부터 현실은 내 반지하 방의 문을 두드렸다.

'당장 어디서 살지?'

부동산 투자에 눈을 뜬 이유였다. 내가 계속 새로운 도전을 할 수 있었던 원동력은 곧 결핍이었다.

# 월 생활비 30만 원,
# 부동산 투자를 결심하다

2015년 11월, 드디어 결혼을 했다. 신혼집을 얻기 위해 둘이 가진 돈을 탈탈 털었다. 없는 살림에 뭐라도 팔 만한 게 없나 싶어 샅샅이 뒤졌다. 카메라, 신발, 상품권 등 돈이 될 만한 걸 다 팔았지만 턱도 없었다. 좋지 않은 형편이었지만 양가 부모님도 보태줘서 겨우 모은 돈이 5700만 원이었다. 예물은 하지 않기로 했으니 이 돈으로 집과 예식장 비용도 해결해야 했다. 전세자금대출을 80% 받아 1억 8000만 원에 12평짜리 전셋집을 얻을 수 있었다.

그러고 나니 후회가 밀려왔다. 이 나이 되도록 뭘 하고 살았는지 한심하기 짝이 없었다. 아내에게도 미안했다. 결혼을 하고 나니 책임감이 생겼고, 이는 차원이 다른 절실함으로 다가왔다. 한강변의 무수히 많은 집을 멍하니 바라보며 생각했다.

'저렇게 집이 많은데 왜 내가 살 곳은 없을까.'

한탄으로 시작했지만 어느 순간 이런 생각이 들었다.

'저 집에 사는 사람들도 처음부터 돈이 많은 건 아니었을 거야. 그럼 나도 얼마든지 할 수 있지. 나도 부자가 될 거야.'

## #부동산_공부_시작

요트 회사에서 입사 제의를 받은 것도 이때쯤이었다. 2016년부터 출근해 고정 수입이 200만 원 정도 생겼다. 당시 아내가 신혼집과 직장이 너무 멀어져 스트레스를 많이 받기에 호기롭게 그만두라고 권했다. 그런데 막상 아내가 직장을 그만두니 외벌이로는 생활이 쉽지 않았다.

대한민국에서는 부동산을 모르면 절대 부자가 될 수 없겠다는 생각이 들었다. 그때부터 부동산에 관련된 책을 닥

치는 대로 읽기 시작했다. 매일 퇴근하고 중개소에 들렀다가 집에 오는 생활을 이어갔다. 투자할 돈은 없었지만 '지금 돈이 없다'가 아닌 '어차피 돈은 모을 거니까'라고 생각했기 때문이다.

돈을 모으고 나서 움직이면 늦다. 기회가 올 때 잡으려면 지금부터 준비해야 한다고 생각했다. 구매할 집을 보러 왔다고 하기에는 내 태도가 어색하게 보일 게 뻔하기에 전세를 구한다고 했다. 그러자 중개사 분들은 친절하게 설명을 해주면서 여러 집들을 보여주었다.

그 과정에서 많이 배웠다. 투자금이 적어 아파트와 빌라를 같이 임장해 보니, 다른 점도 확연히 알 수 있었다. 아파트는 단지로 묶여서 시세나 가치 분석이 용이한 반면, 빌라는 건물 각각은 물론 층과 호수마다 구조가 달라 개별성이 강했다. 다양한 집을 보면서 어떤 구조가 좋고 어떤 구조는 절대 매입하면 안 되는지 등을 배웠다. 그렇게 부동산에 대한 견문을 넓혀나갔다.

종잣돈을 모으기 위해 여기저기서 들어오는 수입을 모았지만 많지는 않았다. 아내도 부동산 투자를 하겠다는 내 결심을 이해하고 함께 허리띠를 졸라맸다. 아끼고 아껴가며

한 달에 30만 원으로 살림을 했다. 그렇게 축의금 700만 원에다 책의 인세와 강연료를 합치고, 그동안 키운 블로그로 지인들이 요청한 홍보 대행도 하면서 1500만 원을 모았다.

사실 이 돈으로 무슨 부동산이냐고 생각할지 모르지만 당시에는 잘 찾으면 투자할 곳이 있었다. 물가가 오름에 따라 전세가도 같이 올랐지만, 부동산 시장은 아직 살아나지 않은 상태라 매매가는 멈춰 있는 물건이 많은 시기였다. 절실한 만큼 투자할 만한 물건을 샅샅이 찾기 시작했다.

## #4000만_원으로_세_채를_사다

첫 물건은 고양시 행신동의 2억 800만 원짜리 아파트였다. 전세금 1억 9500만 원을 끼고 사니 내 돈은 1300만 원 정도 들어갔다. 여기에 취득세, 수리비 등을 내니 1500만 원을 다 썼다. 이 물건은 2~3년 후에 2억 8000만 원에 팔아 차익을 남겼다.

그렇게 열심히 임장을 다니니 중개사들이 좋은 물건이 나오면 먼저 연락을 주기도 했다. 처음 투자한 아파트 바로 앞에 있는 아파트가 급매로 나왔다고 해서 가보니 평수는 더 큰데 돈은 덜 들어가는 물건이었다. 이렇게 두 번째 아파트를 2억 4300만 원에 사서 2억 3500만 원에 전세를 줬다. 실투자금은 800만 원 남짓이었다. 열심히 돈을 아끼고, 모으는 족족 투자를 했다. 아파트값은 떨어지지 않을 거라 믿었고, 투자 기회가 오면 놓치기 싫어서 더 열심히 움직였다.

투자를 시작한 첫 해에 세 채를 매수했다. 총 투자금은 4000만 원이 좀 넘는 정도였다. 아내와 나는 외식 한 번 하지 않고 극단적으로 아꼈다. 연달아 집을 계약하고 중도금과 잔금을 맞추다 보니 돈을 쓸 시간도 없었다.

## #비규제_투자처_찾기

그런데 정부에서 부동산 규제를 시작했다. 곰곰이 생각해 보니 이건 너무 위험한 투자라는 생각이 들었다. 주거용 부동산은 10~20퍼센트만 급등해도 국민의 주거 안정에 영향을 주기 때문에 규제에 들어갈 수밖에 없다. 투자는 수익률에 제한이 없는 곳에 해야 한다는 걸 깨닫는 계기가 되었다. 또한 보증금으로 대출금을 줄이거나 임대료로 대출이자를 감당해야 하니 임대 계약이 필수다. 그러면 사고 싶을 때 사고, 팔고 싶을 때 팔기가 힘들기 때문에 돈이 묶이는 경우도 많다.

정부 규제는 덜하면서 수익이 높은 걸 찾기 시작했다. 그렇게 발견한 것이 토지 투자였다. 토지는 10배, 100배도 오를 수 있지만 정부 규제는 심하지 않다.

문제는 투자금이 없다는 것이었다. 생활비를 아끼는 정도로는 거래하는 투자금이 큰 토지 투자에 뛰어들 수가 없었다. 소액으로 할 수 있는 방법이 없을까 고민하던 차에 경매와 공매가 눈에 띄었다. 책을 통해 접하기도 했고, 여기저기 기웃거리며 주워들은 말도 생각났다. 그렇게 본격적으로 경매와 공매 공부를 시작했다.

경매와 공매는 입찰하는 방법만 다를 뿐 권리분석이나 과정은 똑같다. 직장 생활을 하느라 법원을 직접 가야 하는 경매는 부담이 됐기에 인터넷으로도 낙찰받을 수 있는 공매부터 도전했다. 생전 처음 입찰했는데 덜컥 낙찰을 받았다. 감정가가 1500만 원이었던 땅의 최저 입찰가가 700만 원대까지 떨어진 상태에서 내가 720만 원을 써서 낙찰받은 것이다.

어찌 됐건 낙찰을 받으니 기분이 좋았다. 낙찰의 기쁨을 맛보았고, '낙찰 별거 아니네' 하며 자신감도 생겼다. 문제는 그 후였다. 낙찰받은 물건을 이제 어쩌지? 낙찰받은 땅을 되파는 일이 문제였다. 한 번도 안 가본 길에 대한 두려움이 컸지만 책을 읽고 공부하며 나름대로 방법을 찾았다.

토지를 함께 소유한 공유자가 있다면 땅을 되팔 첫 번째 후보자로 삼았다. 공유자가 살 생각이 없다고 하면 경매로 넘길 수 있지만 다시 경매에 붙이려면 7~10개월이 걸린다. 다음 매수 후보자를 물색해야 했다. 고민하다가 내가 낙찰받은 땅의 전후좌우로 붙어 있는 땅의 주인들에게 연락을 돌리기 시작했다. 내가 가운데 땅을 소유했는데 이 땅이 필요한지, 살 의향이 있는지 물었다.

토지 경매, 공매에서는 땅의 위치와 모양을 보고 이 땅을 필요로 하는 사람이 있을지 권리분석을 하는 것이 중요하다. 다양한 물건을 보면서 권리분석 방법을 터득했다. 내 땅은 도로와 붙어 있는데 내 땅의 바로 뒤에 있는 땅은 도로와 붙어 있지 않은 맹지라면 내 땅이 필요하다. 도로와 붙어 있는 땅에만 건물을 지을 수 있기 때문에 내 땅을 사야 맹지에서 탈출할 수 있으니 안 살 이유가 없다. 이런 걸 볼 줄 알면 저렴하지만 누군가가 필요로 하는 땅을 알 수 있다.

이렇게 경험을 쌓아가면서 조금씩 수익을 올리기 시작했다. 141만 원에 낙찰받아서 2개월 만에 1000만 원에 매도하기도 했다. 이런 방식의 투자법을 알려준 사람은 없었다. 어떻게 해서든 팔아야 하니까, 내가 이걸 팔기 위해서 무엇을 해야 할까 수없이 질문을 던져서 찾은 답이었다.

# 서울 땅
# 1000평을 갖는 법

입사한 지 2년 만에 회사가 문을 닫았다. 이미 8개월 전부터 월급이 안 나와서 동료들은 출근하지 않았지만, 나는 계속 회사에 나갔다. 출퇴근을 하면서 지키고 있던 루틴을 깨트리지 않기 위해서였다.

당시 나는 아침 5시 반에 일어나서 7시에 출근했다. 출근 시간은 9시였지만 일찍 출근해서 경매나 공매 물건을 검색했다. 퇴근 후에는 앞서 언급한 369 원칙에 따라 임장을 다녔다. 또 책을 낸 후 강연 요청이 자주 들어왔을 시기였는데, 대표가 근무 시간을 보충하는 것을 조건으로 자유롭게 강연을 다닐 수 있도록 편의도 봐주었다. 월급이 밀리는 건 나에게도 힘든 일이었지만, 회사를 다니는 쪽이 집에만 있는 것보다 훨씬 나았다. 하지만 회사가 망했으니 본격적으로 투자자의 길로 들어설 수밖에 없었다.

## #공동투자로_부수입_얻기

회사를 그만두기 전의 일이다. 임장을 다니다가 강서에서 오래됐지만 괜찮은 아파트를 발견했는데 실투자금만 3000만 원이 넘었다. 당시 내 수중에는 1000만 원 정도밖에 없었으니 몇 달 열심히 모아보고, 안 되면 빌려서라도 매입해야겠다고 생각했다.

그런데 웬걸, 두세 달 만에 1억 원이 치솟는 게 아닌가! 그때 알았다. 부동산은 나를 기다려주지 않는구나. 기회가 왔을 때 잡아야 하는구나. 그 아파트를 못 잡은 게 너무 아쉽고 억울하기까지 했다.

때마침 돈도 있고 투자를 하고 싶은데 어디에 투자해야 할지 모르겠다는 지인들이 괜찮은 데가 있으면 같이 투자하자고 제안해 왔다. 그간 나는 부동산 투자를 한다고 여기저기 이야기했고, 임장도 많이 다닌다는 걸 주변에서도 알고 있었다. 이때 그 아파트에 공동투자를 했으면 됐을 텐데, 하는 후회가 들었다. 수익은 줄더라도 안 하는 것보다 조금이라도 수익을 올릴 수 있었을 테니 말이다.

이후부터 본격적으로 경매에서 공동입찰을 하기 시작했다. 입찰을 하거나 소유권을 이전하는 등의 번거로운 서류 작업은 내가 진행했다. 지인들은 그런 내 노고에 수고비를 조금씩 주었고, 그게 또 수익이 되었다. 5명이 모여 공동투자를 하고 수고비 명목으로 다른 투자자들에게 10만 원씩만 받아도 40만 원의 추가 수입이 생기는 것이다.

신뢰할 수 있는 사람들과 공동투자를 시작한 후로는 금액에 크게 구애받지 않고 경매나 공매 투자를 할 수 있는 시스템을 만들 수 있었다.

# #도로_투자로_50배_벌기

한번은 1900만 원이 넘는 땅의 최저입찰가가 900만 원대까지 떨어졌는데, 그것을 공동투자로 낙찰받았다. 빌라 출입구 앞에 있는 5평짜리 땅이었는데, 빌라를 개발하려면 이 땅이 무조건 필요했다. 물론 당장 개발되는 것은 아니었지만 사두면 가치가 오를 거라는 생각에 입찰한 것이다. 그런데 두 달 만에 개발을 원하는 업자가 나타났다며 중개소에서 연락이 왔다. 감정가는 1900만 원대였는데 매매가로 무려 1억 원을 제시했다. 도로의 가치가 이렇게 크다는 걸 새삼 깨달았다. 알고는 있었지만 직접 경험해 보니 온몸에 전율이 흘렀다.

작은 땅일수록 힘이 세다. 수익률 면에서 보면 작은 땅의 가치는 실로 놀랍다. 아무리 작아도 누군가에게는 꼭 필요한 땅이라면, 웃돈을 많이 주고서라도 사기 때문이다. 큰 땅이라면 총 가격이 커지는 만큼 신중하게 진행된다. 반면 작은 땅은 큰 땅에 비해 평당 가격이 높더라도 실제 투자금은 적으니, 필요한 사람 입장에서는 시세보다 더 값을 치르더라도 사는 데 거부감이 덜하다.

또한 그들에게는 시간이 돈이다. 작은 땅의 값을 흥정하느라 시간을 쓰느니 빨리 사서 건물이나 아파트를 짓는 게 시간 대비 수익이 훨씬 크다.

내가 빠른 속도로 순자산 100억 원을 만들 수 있던 데에는 도로 투자가 큰 몫을 했다. 몇십 배의 가치를 가진 도로가 굉장히 많다. 도로는 주택 수에 포함되지 않고 재산세와 종부세도 없다. 그야말로 황금알을 낳는 거위다.

서울에는 이제 대규모 단지를 세울 만한 땅이 없기 때문에 기존에 있는 것들을 부수고 다시 짓는 것밖에는 답이 없다. 그러면 개발될 만한 지역의 땅을 경매나 공매로 싸게 낙찰받아 기다리고만 있어도 큰 부자가 될 수 있다. 이 사실을 깨달은 것이다.

이런 방식으로 도로가 될 만한 땅들을 계속해서 낙찰받았다. 물론 이것들이 수익이 되기까지는 시간이 얼마나 걸릴지 모른다. 도로는 3배, 5배, 10배 이상으로 팔릴 수 있지만, 단점은 환금성이 낮다는 것이다. 하지만 씨를 많이 뿌려 놓으면 시간이 흐를수록 수확의 주기가 점점 빨라진다. 예를 들어 예전에는 6~7개월 후에 매도 문의가 왔다면 지금은 2~3개월 만에도 연락이 오는 것이다.

환금성이 낮은 물건에는 여유 자금을 투자해야 하는데 그럴 돈이 없으니 공동투자를 했다. 공동투자 시스템을 사업으로 만들어 수익을 높였고 땅은 땅대로 계속 모았다.

목표는 서울에 내 이름으로 된 땅 1000평을 갖는 것이다. 지금까지 어디에 몇 평을 사 모았는지 정리해 보니, 전국 200곳에 땅이 있고 서울에만 100평을 가지고 있다. 서울 평균 땅값이 2500만 원이라고 가정하면, 100평의 가치는 25억 원이 된다. 이렇게 생각하면 조금씩 사 모은 땅의 가치가 어마어마하다.

# 내 인생의
# 결정적 순간 만들기

누구에게나 인생의 방향이 크게 변하는 시기가 찾아온다. 나에겐 세 번 있었다. 하루 한 권 책 읽기에 도전했을 때, 첫 책을 냈을 때 그리고 결혼하고 부동산 투자를 시작했을 때다.

인생의 결정적 순간은 어떻게 찾아올까? 모두 자기 자신이 만드는 것이다. 결단과 행동을 통해서 말이다. 하루에 한 권 책 읽기를 시작한 것은 나 자신의 결정이었다. 책을 써본 적도 없지만 책을 써야겠다고 결심하고 끝까지 해낸 것도 나의 의지이고 열정이었다. 사랑하는 아내를 만나 결혼해야겠다고 마음먹은 것도, 가족을 지키기 위해 부동산 투자를 시작한 것도 모두 나의 결정이었다.

다만 이 순간이 인생을 바꿀 수 있었던 이유는 이어서 반복해 온 나의 행동이 있었기에 가능했다. 인생을 뒤바꿀 결정적 순간은 그때의 대단한 의지가 만드는 게 아니다. 이후에 무엇을 했느냐에 달려 있다. 책 읽기, 책 쓰기 그리고 부동산 투자를 결정하는 사람은 너무나 많다. 하지만 그것을 오늘도 내일도 한 달 후에도, 1년 후에도 반복하는 건 누구나 할 수 있는 일이 아니다. 즉 결정적 순간을 만드는 것은 오늘 무엇을 했는지에 달려 있다.

# #작은_반복의_마법

"큰일을 해내는 유일한 방법은 아주 작은 일을 반복하는 것이다."

《아주 작은 반복의 힘》의 저자인 심리학자 로버트 마우어의 말이다. 우리 뇌의 편도체는 체온을 유지하고 위험에 대한 반응을 관장한다. 그리고 뇌의 나머지 부분을 둘러싼

대뇌피질은 변화와 창조 관련 능력을 관장한다. 따라서 변화에는 대뇌피질의 도움이 필요한데, 그럼에도 불구하고 스스로가 뜻대로 되지 않는다면 편도체의 영향을 받는 것이다. 편도체는 위험을 방어하면서 인간의 생존을 지켜왔기 때문에 우리가 뭔가 변화를 일으키고 큰일을 하려고 계획하면 편도체가 방어 태세를 취할 수 있다.

그래서 저자는 편도체가 반응하지 않을 정도로 작은 일부터 시작하는 것이 효과적이라며, 여섯 가지 '스몰 스텝 전략'을 소개한다. 작은 질문, 작은 생각, 작은 행동, 작은 해결 방안, 작은 보상, 결정적인 작은 순간 등이 그것이다.


## #4개월_만에_소송_전문가가_된 양_대표

양 대표는 15년간 직업군인으로 복무하다가 우리 회사에 왔다. 어떤 일을 맡겨야 하나 고민했는데, 이 친구를 가만 보니 군인답게 무슨 일이든 포기하지 않고 끝까지 완수하는 게 장점이었다. 경매 투자는 그 과정에서 소송이 비교적 자주 일어나는데 이 일을 맡기기로 했다.

양 대표는 그동안 상명하복이 명확한 군대에서 시키는 일을 잘하는 것에 익숙했다. 하지만 소송은 매번 다른 상황에서 다른 사람들과 부딪치면서 배워야 하는 일이다. 이제까지와 전혀 다른 성격의 일을 하려니 두려움이 앞섰다고 했다. 그래서 그는 스스로에게 질문을 던졌다.

"내가 변하기 위해 도전할 수 있는 가장 작은 일은 무엇일까?"

그는 가장 간단한 사건부터 시작했다. 그리고 소송 과정을 머릿속으로 떠올리고 상상했다. 우리 뇌는 현실과 상상을 구분하지 못하기 때문에 오감으로 상상하다 보면 두뇌 활동이 증진된다. 어려운 일에 도전하기 전에 이렇게 상상을 통해 마음을 조작할 수 있다.

그런 다음 작은 행동을 시작했다. 큰 노력이 들지 않는 간단한 소송 하나를 맡아서 해보았다. 어려움에 직면했을 때는 작은 해결 방안을 마련했다. 문제가 풀리지 않으면 나에게 조언을 구하거나 스스로 찾아보았다. 소송 한 건을 끝낼 때마다 자신에게 작은 보상을 해서 자신감을 북돋웠다. 자신을 칭찬하는 것도 작은 보상에 해당한다.

양 대표에게 소송 한 건을 진행할 때마다 자세히 기록해

보라고 조언했다. 기록을 통해 양 대표는 소송 과정의 작은 순간들을 찾아냈다. 사람들은 간과하지만 이럴 때 이렇게 하는 게 더 효율적이라는 노하우를 얻었다.

양 대표는 6개월 동안 50건이 넘는 소송을 치렀다. 이렇게 짧은 시간에 이토록 많은 소송을 진행해 본 사람은 흔치 않을 것이다. 그는 거의 소송의 달인이 되었다. 엄청난 노하우가 쌓인 것이다. 단기간에 많은 경험치를 쌓다 보니 일 처리에 자신감이 붙었고, 누구한테든 금방 설명할 수 있는 정도가 되었다. 그래서 이번에는 소송 관련 강의를 제안했다.

"제가 할 수 있을까요?"

처음엔 스스로를 의심하며 깜짝 놀랐지만, 온오프라인을 합쳐 200명 앞에서 진행된 첫 강의는 매끄러웠다. 자기가 수없이 반복해 온 경험을 이야기하는 것이었기 때문이다.

짧은 시간에 몰입해서 한 가지를 반복했다는 것도 그의 성장에 큰 몫을 했다. 반복은 이렇게 마법을 부린다. 양 대표는 반 년 만에 소송 전문가가 되어 강의도 하고 출간 계약도 했다.

# #몸으로_깨달은_성공의_단맛

나 역시 이런 과정을 겪었다. 20대 초반까지만 하더라도 나는 패배감에 빠져 살았다. 뭘 해도 나락으로 떨어진 내 인생을 다시 일으킬 수 없으리란 체념이 나를 지배했다. 나에게 실패란 굉장히 익숙한 단어였다. 과거를 후회하고 반성하고 인생을 바꾸고 싶었지만 어떻게 해야 할지 막막했다. 그런데 어느 순간 이런 생각이 들었다. 어차피 밑바닥이니 더 이상 떨어질 곳도 없겠구나! 오히려 편안해진 마음으로 한 단계씩 걸어 올라가기로 마음먹었다.

한번은 군대에서 오래달리기를 했다. 가슴이 터질 것 같았지만 조금만 더 뛰어보자, 하는 마음으로 뛰었더니 1등을 했다. 그랬더니 '체력 좋다'는 이미지가 생겼다. 아침 구보를 할 때마다 깃발 주자가 되었고, 주변에서 보는 시선이 달라지는 것이 느껴졌다.

그전에는 인정받아 본 기억이 별로 없었기에 한번 기대를 받기 시작하자, 무엇을 시키든 끝까지 제대로 해내겠다는 마음이 생겼다. 무엇보다 나에게 긍정적인 영향을 준 것은 사람들의 인정을 받는 게 그리 어려운 일이 아님을 배운 것이다. 힘들어도 조금만 더 열심히 하면 어떤 방식으로든 성과가 난다는 걸 몸으로 깨달았다.

백 번의 말보다 한 번의 경험이 더 중요하다. 작고 보잘 것없는 일일지라도 성공이라는 경험을 해보자. 하루 하나씩 경험할수록 작은 성취가 쌓여간다. 작은 성공 경험이라도 우리 뇌에는 축적된다. 그러면 무엇이든 할 수 있다는 믿음이 생긴다.

# #오늘의_작은_성공

우리는 남들이 보기 그럴싸하고 거창한 무언가를 이루는 것만이 성공이라 생각하는 경향이 있다. 좋은 대학을 나와야 하고, 대기업에 다녀야 하고, 남부럽지 않은 조건의 배우자를 만나야 하고, 자녀 둘셋 정도 낳아 기를 수 있는 경제력을 가져야 하고, 노후 걱정 없이 살아야 한다고 스스로를 압박한다. 이런 기준으로 보니 오늘 책 한 권 더 읽는 게 무슨 소용이 있나, 아침에 좀 일찍 일어난다고 뭐가 달라지겠나 하는 의문이 드는 것이다.

질문을 바꿔보자. 좋은 직장을 구하거나 내 집을 마련하기 위해 무엇을 해야 도움이 될까? 주식이나 비트코인에서 대박이 나면 될까? 아니면 로또에 당첨이 되어야 할까? 이렇게 요행만을 기대한다면 작은 성취를 통한 만족감과 행복을 느낄 수 없을 것이다.

그런 희박한 가능성에 인생을 걸기보다 인생의 문제들 앞에서 고개를 숙이지 않는 당당하고 긍정적인 나 자신을 만드는 것이 우선이다. 성공을 거창한 차원으로 생각하지 말자. 10년, 20년 후가 너무 먼 미래 같아서 지금 내가 하는 일들이 의미 없이 느껴질 수 있다.

"양자강이나 넓은 바다는 작은 시냇물도 버리지 않았기 때문에 저토록 넉넉해진 것이다."

한비자가 남긴 말이다. 소소하고 작은 것이 모여 큰 것을 이룬다. 때로는 작은 것을 놓쳐 큰일을 그르칠 수도 있다. 위대한 성과는 절대 우연히 나타나지 않는다. 오늘 이 작은 일을 어떻게 하느냐에 따라 나의 미래가 완전히 달라진다. 어제보다 더 나은 오늘, 오늘보다 더 나은 내일을 위해 지금 당장 할 수 있는 것부터 해보자.

# 인생을 바꾸고 싶다면
# 몸부터 움직여라

언제부터인가 몸 만들기와 자기계발이라는 키워드가 묶이기 시작했다. 변화를 갈망하는 사람에게 운동은 좋은 출발점이다. 우리는 유리병 속에 둥둥 떠 있는 뇌가 아니다. 육체를 가지고 있는 인간이다. 지금의 몸은 어제까지의 내 삶이 축적된 결과물이다. 과거와의 단절을 선언하고, 오로지 내 의지와 땀, 습관으로만 개선할 수 있는 내 몸부터 돌봐야 한다. 새로운 곳에서 새로운 일을 하며 새로운 인생을 살고 싶다면 몸부터 새롭게 만들어야 한다.

운동을 하면 우선 기초 체력이 향상된다. 체력은 중요하다. 책상 앞에 앉아 공부를 하든 일을 하든, 그 끈을 오래 붙잡지 못하는 것도 체력이 부족한 탓이다. 단순히 무거운 물건을 잘 들고, 먼 거리를 빠르게 뛰는 것만이 체력이 아니다. 자기계발은 장기전이다. 일단 체력부터 쌓자.

운동을 하면 자신감도 키울 수 있다. 운동을 하면 신체에 활력이 생기고 거울에 비치는 자기 모습이 근사해진다. 주변 시선도 달라진다. 건강한 신체에 건강한 정신이 깃든다는 말처럼 몸이 달라지며 마음도 달라진다. 무슨 일을 해도 잘될 것 같다는 긍정적인 기분마저 든다.

집중력도 향상된다. 하루 24시간은 누구에게나 공평하게 주어지는 자원이다. 이 제한된 자원을 제대로 활용하기 위해서는 집중력을 높여야 한다.

드라마 〈미생〉에는 이런 내용이 나온다.

"이루고 싶은 게 있다면 먼저 체력부터 길러라. 네가 후반에 종종 무너지는 이유는 체력이 부족하기 때문이다. 체력이 약하면 빨리 편안함을 찾게 되고, 인내심이 떨어진다. 그 피로감을 견디지 못하면 승부 따위는 내던지게 된다. 이루고 싶은 게 있다면 먼저 그 고민을 충분히 견뎌줄 몸부터 만들어라. 정신력은 체력의 보호 없이는 구호에 불과하다."

운동은 학습에도 도움이 된다. EBS 〈뉴스G〉에서 '운동으로 성장 높이기'라는 주제를 다룬 적이 있다. 아침에 한 시간씩 운동하고 수업을 들은 학생과 아침 운동 없이 바로 수업을 들은 학생의 학업 성취도에 유의미한 차이가 있었다. 운동이 뇌를 자극해서 집중력을 높였기 때문이다. 최근 뇌과학연구소에서도 유산소 운동을 하면 기분이 좋아질 뿐 아니라 뇌 기능이 향상된다는 사실을 알아냈다. 신체 기능뿐만 아니라 뇌 기능까지 향상되어서 학습 효과가 올라간다는 것이다.


## #오늘_운동_완료


억지로 잠을 줄이고 늦은 시간까지 책을 읽으며 노력하는 데는 한계가 있다. 체력이 필요하다. 운동이 자기계발에 중요한 이유다.

학창 시절에는 몸이 왜소해 위축되어 있었고 괴롭힘도 당했다. 운동은 인생을 변화시키기로 결심한 후 독서와 함께 시작했다. 하지만 하루를 세 번 살 정도로 바쁘게 지내다 보니 일주일에 두 번 헬스장에 가서 PT를 받는 것 외에는 따로 시간을 낼 수 없을 때도 많았다. 이러면 안 되겠다 싶어서 찾은 방법이 맨몸운동이다. 이때도 역시 기록을 활용한다. 운동일지를 쓰는 것인데, '하루에 푸시업 100개, 어깨 운동 200개, 턱걸이 10개' 하는 식으로 체크리스트를 만들어서 기록한다.

아침에 눈을 뜨면 집 앞에 있는 공원으로 달려간다. 요즘 공원에는 운동 기구들이 갖춰져 있어서 15~20개씩 3세트를 하고 하루를 시작한다. 웬만하면 살고 있는 아파트 9층까지 걸어서 올라간다. 하체운동을 더 하고 싶은 날은 계단을 두세 번 오른다(내려갈 때는 무릎을 보호하기 위해 엘리베이터를 이용한다). 지하철이나 버스를 기다릴 때는 의자를 이용해서 삼두운동을 한다. 열차나 버스가 오기 전에 한 세트를 끝내야 한다는 생각에 집중해서 짧은 시간에 더 열심히 운동한다(사람이 없을 때 가능하다).

아무리 시간이 없어도 자투리 시간을 활용해 조금이라도 몸을 단련하려고 한다. 이제 나는 거울에 비친 내 모습이 마음에 든다. 성공하고 싶다고 해서 일이나 공부에만 빠져 몸을 돌보지 않는다면, 이후에 그 성공을 온전히 누릴 수 없

다. 경제적 자유를 얻은 뒤에 그 돈과 시간을 병원에서 써야
할 수도 있다.

# #멈추면_도태된다

안타까운 친구가 한 명 있다. 어렸을 때 힘들게 자라온 처지가 나와 아주 비슷했던 친구다. 지금은 상황이 아주 다르다. 나는 이전엔 상상도 못 했던 삶을 살고, 친구는 그때와 별반 다를 게 없다. 배달로 근근이 사는 친구는 아침에 전화하면 혼자서 새벽까지 마신 소주 때문에 제정신이 아닌 때가 많다.

돈도 많으면서 그 친구를 좀 도와주지 그러느냐고 말할지 모르겠다. 의지가 없다면 근본적인 해결책이 될 수 없다. 의지는 있는데 방향을 못 잡고 있는 친구는 기꺼이 도와줬다. 같은 환경에서 자랐어도 지금 어떻게 하느냐에 따라 앞으로 10년, 20년 후의 모습은 완전히 달라질 수 있다.

"난 이렇게만 살았으면 좋겠어. 아무것도 안 하면 중간이라도 가겠지."

20대 때 친구는 이렇게 말했다. 당시 그는 회사원이었는데 지금처럼 술을 많이 마셨고 도박에도 빠졌다.

'언제 죽을지 모르는데, 오늘 하고 싶은 거 다 하면서 살아야지.'

이런 생각을 할 수는 있다. 하지만 여기서 멈추는 순간 도태되고 썩는다. 맞다. 언제 죽을지 모른다. 이 말을 뒤집어 보면 100세에 죽을지, 110세에 죽을지도 모르는 일이다. 미리 대비해야 한다. 젊을 때를 기준으로 생각해서는 안 된다. 100세 시대라고 하지만 우리가 고용 노동자로 돈을 받고 일할 수 있는 체력이 온전한 나이는 60세까지라고 봐야 한다. 100세까지 40년을 버틸 수 있는 무언가를 만들어놔야 하지 않겠는가.

"변하고 싶어서 독서도 하고 뭔가를 더 하고 싶지만 먹고 살기가 힘들어 여유가 없어요."

이렇게 말하는 사람도 있다. 나도 이해한다. 하루 종일 일하고 집에 오면 피곤해서 누워 있다 잠들고, 눈을 뜨면 다시 출근이다. 그런 하루하루를 보내다 보면 생각도 의욕도 없어지고 좀비처럼 산다.

하지만 세상은 나를 위해 기다려주지 않는다. "네가 성장할 때까지 다 멈추고 기다려줄게. 그동안은 집세도 안 내도 되고 각종 공과금도 면제야"라고 말하지 않는다. 어찌 됐든 매일 생활은 해야 하고 생업을 이어나가야 한다. 나만 그런 게 아니라 다 비슷하다. 그중에서 어떻게든 자투리 시간을 만들어서 뭔가를 하는 사람이 그 숨 막히는 쳇바퀴에서 벗어날 확률이 더 높다.

때로는 일이 잘 풀리지 않을 때가 있다. 굳게 결심했지만 도저히 움직이지 못할 때도 있다. 그러면 '아, 오늘 하루는 망했다. 내일부터 하자'라고 생각한다. 하지만 그렇게 작은 실패가 누적되면 무기력이 우리를 잠식해서 움직이지 못하게 만든다. 무언가를 하겠다고 마음먹었다면 아무리 작은 일이라도 일단 시작해야 한다.

지금 당장 자리에서 일어나라. 먼저 샤워를 하자. 그런 다음 집 안을 청소하고 산책을 다녀오자. 작은 움직임에서 큰 도전이 시작된다.

# 실행의
# 선순환 법칙

나는 행동력이 뛰어나다는 말을 많이 듣는데, 처음부터 그랬던 건 결코 아니다. 어린 시절에는 환경도 안 좋다 보니 무척 소심했고 괴롭힘을 당한 뒤론 더욱더 움츠러들었다. 그런 내가 싫어서 스스로를 바꾸려는 노력을 계속했다.

'하지 않고 후회하는 것보다 하고 후회하는 게 낫다.'

이 말은 과학적으로도 근거가 있다. 미국 코넬대학교 심리학과 교수인 길로비치와 메드벡이 조사한 결과에 따르면, 인간은 단기적으로는 '한 일'에 대한 후회를 잘 기억하지만 장기적으로는 '하지 못한 일'에 대한 후회를 강하게 기억한다고 한다. 게다가 하지 않은 것에 대한 후회는 시간이 지날 수록 더 커지는 것으로 나타났다.

불안, 답답함, 조급함, 우울 같은 부정적인 감정은 행동으로 지울 수 있다. 뭘 해야 할지 모르겠다면 책을 읽고 실행할 수 있는 것부터 해보자. 아무리 사소한 것이라도 좋으니 성공 경험을 쌓아보자.


# #두려움은_행동하면_사라진다

책만 읽으면 세상에는 내가 모르는 게 너무 많다는 사실만 깨닫고 좌절한다. 그래서 더 행동하기 싫어진다. 실패가 두려워서 완벽하게 계획하고 공부한 뒤에 시작하고 싶어 하는 사람도 있다. 요즘은 정보가 너무 많은 게 오히려 악영향을 미치는 것 같다. 이것도 좋고 저것도 좋아 보여서 망설인다. 혹은 반대로 안 좋은 정보나 사례가 너무 많아서 두려워진다.

성향의 차이도 있지만 두려움은 행동하면 사라진다는 게 내 생각이다. 예를 들어 경매가 어렵다는 선입견이 있는데,

해보지 않아서 그렇게 생각하는 것이다. 그러니 경쟁이 적고, 그만큼 낙찰 확률도 높다. 낙찰을 한 번이라도 받아보면, 더이상 할까 말까 고민하지는 않는다. 전국적으로 보면 5000원, 1만 원짜리 땅도 있으니 연습 삼아 낙찰받은 다음 한 사이클을 돌려보면 이 투자법이 자신에게 맞는지 아닌지 알 수 있다.

"생각한 대로 살지 않으면 사는 대로 생각한다."

프랑스 시인 폴 발레리가 한 이 말을 나는 다음과 같이 바꾸고 싶다.

"생각한 대로 실행하지 않으면 살아온 대로 산다."

계획만 백날 세워봤자 인생은 달라지지 않는다. 1년에 520권을 읽었던 스물아홉 살 때도 내 삶은 당장 바뀌지 않았다. 읽기만 하고 실행은 하지 않았기에 독서가 내 삶에 큰 영향을 끼치지 못했던 것이다.

진짜 자신이 원하는 변화를 경험하기 위해서는 동사형 인간이 되어야 한다. 동사형 인간은 목표한 일을 반드시 행동으로 옮기는 사람이다. 동사형 인간이 되려면 자신이 할 수 있는 일을 점진적으로 실행함으로써 목표를 성취하고, 그때의 만족감을 경험해야 한다. 계획에 따른 실행 방안을 구체적으로 세우고 지금 할 수 있는 일부터 미루지 말고 해야 한다.

경매로 성공하고 싶다면 매일 10~20분이라도 물건을 검색해 봐야 한다. 뭐든 해봐야 나에게 맞는 일을 찾을 수 있다. 시행착오를 두려워하지 마라.

해야 하나 말아야 하나 고민할 시간에 행동해 보라. 나한테 맞는지 안 맞는지는 직접 해봐야 알 수 있다. 머릿속에 뭔가 떠올랐다면 먼저 해보길 바란다. 성공하면 좋고 실패해도 경험치가 쌓일 것이니 결코 손해 볼 게 없다.

## #지금_당장_할_수_있는_일

긍정의 힘은 실행력에서 나오고 부정의 힘은 나태함에서 나온다. 주변을 한번 둘러보라. 열심히 사는 사람들은 스스로에 대해 긍정적으로 평가하고 에너지와 자신감이 넘친다. 반면 나태하게 사는 사람들은 부정적인 이야기만 끊임없이 쏟아낸다. 자기 자신을 혐오하는 사람도 많다.

작은 일 하나라도 열심히 해서 끝내본 경험이 중요하다.

변화는 작은 곳에서부터 시작된다. 일을 하나 끝냈다는 것에서 뿌듯함을 느끼고, 그 뿌듯함은 성취감으로 연결된다. 성과가 큰지 작은지는 중요하지 않다. 실행했고 마무리했다는 것이 중요하다. 그런 경험이 쌓이다 보면 자연히 익숙해지고 퍼포먼스가 좋아진다. 그러면 자신감도 덩달아 상승하고 더 쉽게 첫발을 뗄 수 있다.

실행을 하면 할수록 부정적인 생각이 떠오를 틈이 없어지고 머릿속은 점점 긍정적인 생각으로 채워진다. 이런 선순환의 힘을 한번 경험하고 나면 사람은 더 단단해진다. 작은 실행에서 이 모든 게 시작되는 것이다.

매번 결심만 하고 흐지부지된다면 자기 자신에게 한번 질문해 보라.

"내가 지금 당장 할 수 있는 일은 무엇인가?"

'아무리 해도 안 되는 건 안 돼' '기적 같은 건 없어'라고 생각한다면 바로 지금이 움직일 때다. 도전하기에 늦은 때란 없다. 패배자는 골인 지점에 가장 늦게 들어오는 주자가 아니라 앉아서 구경만 하고 뛰려는 시도조차 하지 않는 사람이다.

기적은 자신이 처한 상황에 굴하지 않고 끊임없이 실행

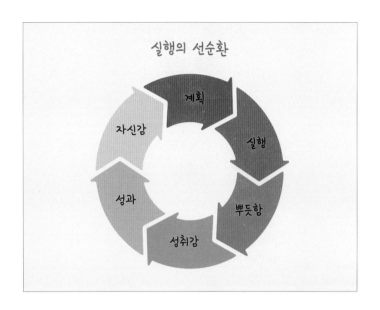

실행의 선순환

계획 → 실행 → 뿌듯함 → 성취감 → 성과 → 자신감

한 사람에게만 찾아온다. 내 인생을 바꿀 사람은 오직 나 자신뿐이다.

# 작은 보상의
# 큰 힘

심리학자 스키너는 행동주의 이론에서 보상이 인간의 행동 형성에 큰 영향을 미친다고 했다. 어떤 일을 할 때 긍정적인 강화로 보상을 하면 더 열심히 한다는 것이다. 물질적 보상이든 심리적 보상이든 인간은 보상 없이는 쉽게 움직이지 않는다. 여러 가지 핑계를 대며 미루거나 실패가 두려워 시도조차 하지 않는다. 자신을 믿지 못해 포기하기도 한다.

그래서 힘든 일을 해냈을 때의 보상은 그 힘이 더욱 세다. 크고 작은 보상은 하기 싫은 일을 바로 실행하도록 내적 동기를 강화해 주기 때문이다.

누군가가 보상을 주기만을 목 빠지게 기다리고 있는가? 그럴 필요가 없다. 언제든지 스스로 보상을 줄 수 있다. 예를 들어 '하루 30분 동안 책 20쪽 읽기'에 도전해서 성공했다면 다음 네 가지 중에서 가장 좋은 보상은 무엇일까?

**1) 돈 30만 원 마음껏 쓰기**

**2) 일주일간 마음껏 놀기**

**3) 잘했다고 스스로 칭찬하기**

**4) 그동안 읽은 책의 분량이 얼마만큼인지 세어보기**

스키너의 이론에 따르면 정답은 '사람마다 다르다'. 여기서 자신의 행동을 돌아보는 네 번째 보상은 정당한 보상이 아니라고 여길 수도 있겠다. 하지만 우리 뇌는 성공 경험을 기억하는 행위 자체도 보상으로 받아들인다.

과거의 성공 경험을 지금 당장 떠올려보라. 마음이 흐뭇해지지 않는가? 자신감이 생기지 않는가? 핵심은 보상을 얻는 것 자체에 있는 게 아니라 보상을 통해 실행을 강화하는 데 있다. 나는 작은 성취가 진짜 힘을 길러주는 가장 큰 이유를 바로 네 번째 보상에서 찾는다.

# #오늘의_성취_기록하기

군대에 있을 때부터 나는 그날 내가 한 도전들을 생각해 보고 노트에 정리하는 습관을 들였다. 군대에서 '수양록'이라는 걸 반드시 써야 했기 때문에 시작한 일인데, 적다 보니 참 뿌듯했다. 때로는 아무것도 한 게 없는 하루도 있었다. 그러면 하루를 마무리할 때 적을 게 없으니 마음이 무거워지곤 했다. 오늘을 나태하게 보낸 것 같아서 나 자신에게 화가 나고 불안감도 밀려왔다.

잠들기 전 노트에 오늘의 소소한 성취를 기록하는 습관을 들여보길 바란다. 이를 통해 자연스럽게 하루를 매듭 짓는다. 매듭은 실행하는 데 중요한 역할을 한다. 매듭을 짓지 않으면 마음이 개운하지 못하고 내 계획에도 영향을 미치기 때문이다.

무엇보다 작은 도전들을 명확하게 정리하는 일 그 자체가 보상이다. 설령 그날 목표한 만큼 성취하지 못했더라도 매듭을 잘 지어주면 유사한 효과를 얻을 수 있다. 다만 오늘 마무리하지 못한 일은 내일의 부담을 가중하기 때문에 자꾸만 미루는 것은 좋지 않다.

# #성공의_단위는_하루

나는 제2의 인생을 살기로 마음먹은 다음부터 '하루'를 작은 성취의 단위로 생각하기 시작했다. 작은 성취는 매일의 도전과 매듭짓기로 이루어진다. 궁극적인 목표가 1년 뒤혹은 3년 뒤에 이루어지는 것이라고 해도 상관없다. 아무리 장기적인 목표라도 하루라는 실행 단위를 성공적으로 보내야 한다.

계획을 잘 세웠다면 1년 뒤의 일을 지금 걱정할 필요는 없다. 오늘 할 일에 집중하면서 하루하루를 잘 보내면 결국 1년 뒤에 목표를 달성할 것이다. 대신 오늘의 도전과 매듭짓기를 한 세트로 생각하는 것을 잊지 말자.

# #중간_목표_졸업장_만들기

중간 목표에 대한 보상은 졸업장과 같다. 중학교를 졸업한 후에 중학생 후배를 보면 스스로가 성장했음을 느낀다. 고등학교를 졸업한 사람도 성적과 대학 진학 여부를 떠나서 이제 스스로의 인생을 책임지는 성인이 된다. 실행을 할 때도 자신의 성장을 직접적으로 느낄 수 있는 졸업장이 필요하다. 뭔가를 마쳤다는 뿌듯함을 느끼고, 이 졸업장을 발판 삼아 더 높이 올라가기 위함이다.

독서로 치면 책 쓰기가 일종의 졸업장이 될 수 있고, 블로그를 통해 자신의 지식이나 노하우를 전하는 것도 졸업장이 될 수 있다. 한자 공부를 한다면 한자 급수 시험을 통과하는 것이 졸업장이 될 수 있다.

부동산 투자에 비유하면 임장에서 시작해 최종적으로 투자가 완성되는 시점이 재테크의 레벨업을 위한 단계가 될 수 있다. 나의 경우 첫 투자 이후 100건의 투자에 성공하겠다는 레벨업 목표를 세우고 그 목표를 초과 달성했다.

중독성 높은 인기 게임은 캐릭터의 레벨업을 직관적인 숫자로 보여준다. 레벨이 명확하게 보이지 않는다면 재미도 없고 꾸준히 해나갈 수도 없을 것이다. 자신의 행동에 대한 보상을 시각화하는 것은 성공을 향해 나아가는 데 강력한 동기부여가 된다.

# 슬럼프는
# 잘하고 있다는 증거

생각해 보면 내가 지치거나 슬럼프를 겪을 때는 정말 열심히 했는데 성과가 나오지 않을 때였다.

새로운 단계로 나아가기 전에 꼭 한 번씩 찾아오는 게 슬럼프다. 슬럼프를 잘 극복하고 이겨내면 다음 단계로 나아갈 수 있지만, 슬럼프에 무릎 꿇는다면 그동안의 노력은 모두 허사가 되어버린다.

어학을 예로 들어보겠다. 아무리 열심히 영어 공부를 한다고 해도 실력이 계속해서 수직 상승하지는 않는다. 많은 전문가가 사람의 능력은 계단식으로 상승하는 게 일반적이라고 말한다. 그리고 계단을 밟아 올라갈 때마다 정체기라는 게 존재한다. 이 상태가 바로 슬럼프로, 어학뿐 아니라 독서나 운동에도 똑같이 적용된다.


# #양질_전환의_법칙


나도 한동안 극심한 슬럼프를 겪었다. 어느 날 갑자기 책장을 넘기는 것도 힘들어졌다.

'어라! 어제까지 잘 읽었는데 오늘 왜 이러지?'

며칠 지나면 괜찮을 줄 알았는데 나아질 기미가 보이지 않아 충격에 빠졌다. 책을 읽어야 한다는 건 알겠는데 읽히지가 않으니 짜증과 스트레스가 극에 달했다. 안 되겠다 싶어 책 읽기를 중단했다. 머리를 비우는 시간을 가지며 스스로를 다독였다. 책과 떨어져 내 상태를 살펴보니 그제야 슬럼프의 원인이 보였다.

내가 한 권의 책에서 너무 많은 걸 얻으려고 한 것이다. 독서를 하며 배울 점을 찾고 지식을 습득하는 건 중요하지만 한꺼번에 너무 많은 걸 얻으려고 과욕을 부린 탓에 탈이

난 것이다.

당시 하루에 한 권 이상의 책을 읽었으니, 한 권에서 한 가지만 실천하려고 해도 한 달이면 할 일이 30가지나 됐다. 한 가지도 제대로 실천하지 못하면서 새로운 걸 더 해야 한다는 강박에 시달렸다. 그러다가 어느 순간 모든 걸 놓아버린 것이다.

원인을 직시하자 답이 나왔다. 실천에 대한 부담을 내려놓고 내가 모든 걸 해낼 수 없음을 인정해야 했다. 무엇보다 뭔가를 빨리 이루고 성공하려는 욕심을 버려야 했다. 마음을 조금 내려놓으니 그때의 슬럼프는 이겨낼 수 있었다.

하지만 그 뒤로도 슬럼프는 주기적으로 찾아왔다. 그리고 앞으로도 계속 찾아올 것이다. 혹자는 슬럼프를 즐기라고 하는데, 나는 그 경지에는 오르지 못했다. 다만 힘이 들더라도 열 걸음만 더 나아가자는 마음을 놓지 않는다. 슬럼프가 도약을 위한 발판이라는 건 분명히 말할 수 있다. 현실에 안주해서 목표도 없고 아무것도 하지 않는 사람에게는 슬럼프도 찾아오지 않는다. 슬럼프가 왔다는 건 그만큼 내가 열심히 하고 있다는 뜻이다.

충분한 양이 쌓여야 질적 변화가 일어난다는 '양질전환

의 법칙'을 기억하자. 어떤 일에 열정을 다하다가 끝이 보이지 않아 포기하는 사람이 많다. 하지만 포기하지 않고 끝까지 매달리면 분명히 변화의 순간은 찾아온다.


# #대나무가_높이_자라는_이유

뭐든지 끝없이 성장만 할 수는 없다. 더 높이 자라기 위해서는 멈춤도 필요한 법이다. 대나무가 자랄 때는 일시적으로 성장을 멈추는 시기가 존재한다. 이때가 바로 마디를 만드는 시간이다. 그 마디는 대나무의 다음 성장을 위한 발판이자 레벨업을 하기 위한 준비 과정이라고 할 수 있다.

드럼통이 처음 나왔을 때는 음료수 캔처럼 매끈한 모양이었다. 이후 대나무에서 힌트를 얻어 마디를 넣자 견디는 힘이 네 배나 커졌다. 아랍에미리트 두바이에 세워진 부르즈 할리파에도 대나무의 원리가 적용되었다. 30층마다 마디에 해당하는 부분을 만들어서 바람에 대한 저항을 높였다. 덕분에 부르즈 할리파는 인간 기술의 한계로 지적되던 800미터를 넘어 828미터 높이의 마천루가 될 수 있었다.

실행 과정에서도 마디가 반드시 필요하다. 실행에 마디를 넣어주면 성장의 발판을 마련하면서 한 단계 더 도약할 수 있다.


# #동기부여하는_법


슬럼프로 실행력이 떨어질 때 내가 쓰는 방법이 있다. SNS에서 열심히 사는 사람들을 찾아보는 것이다. 강하게 동기부여되는 영상들을 보면서 나 자신을 격려하며 자세를 바로잡곤 했다. 이건 나태해졌을 때도 도움이 된다.

아무것도 하기 싫거나 할 수 없는 상태라면 차라리 부담감을 내려놓고 그런 영상들을 보면서 힘을 충전하자. 그리고 좋은 문장을 외워보자. 힘든 상황에 처했을 때 내 처지에 맞는 문장이 떠오르면 생각보다 큰 힘을 얻을 수 있다.

로마 철학자 세네카는 이렇게 말했다.

"단언컨대 위대한 사람은 때로는 역경을 반긴다. 신은 자신이 인정하고 사랑하는 자들에게 역경을 주어 단련하고 시험하고 훈련한다. 불운을 당해보지 않은 사람만큼 불행한 사람은 없다. 불은 금을 단련하고 불행은 용감한 자들을 단련한다."


# #중요한_건_꺾이지_않는_마음

사람들은 성공했다고 하면 현재의 화려한 모습만 보고 부러워한다. 그래서 나는 비결을 알려달라는 질문에 선뜻 입을 열지 않는다. 지금의 위치에 오르기까지 어떤 과정을 거쳤는지 설명하려다 보면 오랜 시간 지루한 일을 반복해온 시간이 대부분이기 때문이다. 지지부진하거나 심지어 뒷걸음질 치는 시기도 거친다. 성공으로 가는 길은 우상향하는 직선이 아니라 구불구불한 곡선일 뿐만 아니라 얽히고설킨 지저분한 선이다. 그동안 내가 좌충우돌 찍은 점들이 연결된 것이기 때문이다.

다이어트처럼 부를 이루는 데도 정체기가 있다. 나에게도 후퇴했던 시기가 있었다. 억대 연봉까지 찍었다가 30대에 다시 배달원으로 전락하지 않았던가. 그때 마음을 다스리기 위해 수많은 책을 읽었다. 힘들 때마다 되뇌는 말은 모두 책에서 얻은 것이었다.

"천리마도 한 번 뛰어 열 걸음을 갈 수 없고, 늙고 느린 말일지라도 열흘을 달리면 준마에 미칠 수 있으니, 성공은 포기하지 않는 데 있다(騏驥一躍 不能十步 駑馬十駕 功在不舍)."

지금도 나는 하루에 1시간 이상은 물건 검색을 한다. 수도권에 있는 물건은 직접 임장을 가기도 한다. 그리고 일주일에 한 번 이상은 법원 경매장에 간다. 이건 돈이 없던 시절에도 꼭 하던 루틴이다.

하나하나 성과가 나타나면서 내 삶이 계속해서 바뀌는 걸 느낀다. 그러면 더 강한 동기부여가 되어 나를 더 큰 성공으로 이끈다. 성공의 사이클을 타는 것이다. 그 궤도에 오르기까지는 인내하고 버티는 절차탁마의 시간이 반드시 필요하다. 세상 어느 누구도 단번에 성공할 수는 없다. 성공하기 위한 준비 과정이 필요하다.

# 나의 계절은
# 아직 오지 않았다

서른 살에 영어강사를 하면서 억대 연봉을 받다가 그만 두고 맥도날드에서 배달 알바를 하고 있을 때였다. 나와 비슷한 환경에서 자란 형님은 당시 월매출 100억 원 이상을 올리는 사업을 하고 있었는데, 나를 보고 "왜 그렇게 사냐, 언제까지 그러고 살래"라며 고개를 저었다. 그때 나를 보던 한심하다는 듯한 시선이 잊히질 않는다.

성공하고 싶었지만 평생 이런 모습으로 살아야 하는 건 아닐까, 엄습하는 불안감에 뭐든 해야만 했다. 그때 시작한 게 바로 감사 일기 쓰기와 1년간 독서에 전념하는 것이었다.

내 인생의 돌파구로 책 외에는 떠오르지 않았기 때문이다.

하지만 무엇 하나 이룬 것 없이 책장만 넘기고 있으려니 마음이 불안했다. 도대체 독서의 성과가 언제 나타날까, 내가 지금 한가하게 책이나 읽고 있는 게 맞을까, 차라리 이 시간에 다른 일을 하는 게 낫지 않을까, 이런 의심이 머릿속을 떠나지 않았다. 로또를 사거나 코인을 사는 게 빠를지도 모르겠다는 생각마저 들었다. 막막함과 조급함이 뒤섞였다.

당장 변화와 성과가 눈앞에 나타나기를 바라는 조급함 때문에 일상생활에서도 실수가 많아졌다. 기다리는 법부터 배울 필요가 있었다. 경험이 없었기에 어떻게 하면 조급함을 버릴 수 있는지도 몰랐다.

# #조급해지지_않기_위한_주문

1년이라는 시간을 독서에 투자하기로 한 이상, 내 인생에서 적어도 이거 하나는 진득하게 밀어붙여 보자고 마음먹었다. 1년에 365권의 책을 읽겠다는 목표를 세우니, 매일 책 한 권을 읽기 위해 시간을 분 단위로 쪼갰다.

직장인 중에는 지금의 일을 그만두고 경매 투자에 전념하고 싶다고 상담해 오는 사람이 많다. 나도 직장 생활을 하면서 경매 투자를 병행했으니 그 마음을 모르는 건 아니다. 그렇지만 차근차근 시작하기를 바란다. 호기롭게 일을 그만두고 투자 세계에 뛰어들어서 성공할 확률이 높지 않다. 너무 절실하면 오히려 패찰할 확률이 높다. 기다리지 못하고 조급해지니 실패하기 쉬운 것이다.

마음이 흔들릴 때마다 나는 다음의 한문을 주문처럼 외웠다.


人一能之 己百之 人十能之 己千之
(인일능지 기백지 인십능지 기천지)
남들이 한 번에 해내는 일이라면 나는 100번을 해서라도 이루고, 남들이 10번에 해내는 일이라면 나는 1000번을 해서라도 이룬다.


蓋棺事定(개관사정)
사람은 관 뚜껑을 덮기 전까지는 누구도 알 수 없다.

당장은 제대로 이룬 일이 없다고 느껴지더라도 뒤늦게 성과를 얻는 사람들도 많지 않은가. 이런 말을 되뇌며 마음을 다잡았다.

# #나는_봄꽃이_아닐_뿐

한번은 라디오에서 이런 이야기가 흘러나왔다. 배우 류승룡이 대학교 시절에 잘나가는 동기가 부럽고 시샘하는 마음이 들어 교수한테 이야기했단다. 그때 교수가 해준 말씀에 굉장히 큰 힘을 얻었다고 한다.

"우리는 모두 꽃이야. 봄에 피는 꽃이 있고, 여름이나 가을, 겨울에 피는 꽃이 따로 있어. 봄에 꽃이 피지 않았다면 너는 가을이나 겨울에는 반드시 필 거니까 열심히 해."

교수님의 말처럼 아직 내가 피어날 계절이 오지 않은 것뿐이다. 식물이 꽃을 피우기 위해 얼마나 지난한 과정을 거치는가. 햇볕을 받아 영양분을 만들고 뿌리로 수분을 빨아들인다. 오직 아름다운 꽃을 피우겠다는 목표를 위해 묵묵히 견딘다.

나도 포기하지 않으면 언젠가 좋을 날이 있겠지 하면서 버텼다. 책에 의지하고 내 감정들을 기록했다. 있는 그대로의 감정을 쏟아내는 것만으로도 어느 정도 위안이 됐다.

그렇게 시간이 지날수록 책 읽는 속도가 빨라졌다. 그리고 1년이 지났을 때 목표했던 365권을 넘어 520권의 책을 읽었다. 목표를 초과 달성했을 때의 뿌듯함과 성취감은 생각보다 컸다.

## #감사_일기의_효과

배달 알바를 하면서 흔들리는 마음을 잡아준 것은 바로 '감사 일기'였다. 사실 감사하라는 말은 너무도 흔히 듣는 말이라 식상하기도 하고, 감사 일기를 쓴다고 뭐가 달라지겠나 싶은 사람도 많을 것이다. 나도 그랬다. 그런데 직접 해보니 사람들이 입을 모아 추천하는 데는 이유가 있었다.

생각만으로는 부족하다. 종이에 적으면 뇌에 더 깊이 각인된다. 감사한 일이 없다고? 감사 일기를 써야 한다고 생각하면 쥐어짜서라도 쓰게 된다. 억지로 쓰는 게 무슨 소용이냐고? 사람은 동시에 두 방향의 생각을 할 수 없다. 긍정 아니면 부정인데, 감사 일기를 쓰는 순간만큼은 감사한 걸 찾아야 되니까 부정적인 생각이 개입할 여지가 없다. 억지로 감사한 일을 찾다 보면, 꾸밈으로라도 감사하다고 쓰다 보면 진짜 감사한 마음이 생긴다.

해봤는데 효과도 없고 나와 안 맞을 수도 있다. 그것도 해봐야 안다. 해보면 적어도 경험이 되고 노하우가 쌓인다.

감사 일기를 쓰면서 내 주변을 주의 깊게 들여다보는 버릇이 생겼다. 예전에는 지나쳤던 일도 감사 일기를 써야 하니까 유심히 보았다. 집에서 강남 고속터미널에 있는 맥도날드까지 배달을 하러 가면서 주변에 핀 꽃도 보고 흙도 봤다. 날씨가 화창하면 화창해서 감사하고 비가 오면 운치 있어서 감사했다. 일상의 소소한 것들, 살아 있는 것만으로 누릴 수 있는 작은 것들이 모두 감사하게 느껴졌다.

이처럼 감사 일기를 쓰면 사고 회로가 긍정적으로 움직인다. 작은 것에 감사할 줄 알고 주변을 사려 깊게 챙기고, 그러면서 마음이 편안해지고 삶이 풍요로워진다. 무엇보다 포기하지 않는다. 내 인생이 망했다는 생각에서 '그래도 살만하다, 희망은 있다'로 사고가 점점 변한다.

# #부정적인_생각을_끊는_질문

만약 지금 부정적인 생각이 든다면 다음 세 가지 질문을 스스로에게 던져보자.

1) 이 생각을 할 때 나는 즐겁고 편안한가?

2) 이 생각이 인간관계를 개선하는 데 도움이 되는가?

3) 이 생각이 내 목표를 이루는 데 도움이 되는가?

생각도 습관이 되면 관성적으로 한 방향으로 흐른다. 긍정적인 생각을 자주 하는 사람은 어떤 상황에서도 생각을 긍정적인 방향으로 바꾸기가 쉽지만, 평소에 부정적인 생각만 자주 하던 사람은 좋은 상황이 오더라도 있는 그대로 받아들이지 못한다.

한 인디언 추장이 손자에게 말했다.

"사람 안에는 늑대 두 마리가 싸우고 있단다. 한 마리는 슬픔, 분노, 불안 같은 것으로 가득한 부정적인 늑대이고, 다른 한 마리는 기쁨, 사랑, 친절 등으로 가득한 긍정적인 늑대야."

손자가 물었다.

"어떤 늑대가 이기나요?"

"네가 먹이를 주는 놈이 이기지."

그러므로 항상 의식하고 앞의 세 질문을 던져야 한다. 글로 써보면 더 좋다. 감사 일기는 긍정적인 늑대에게 먹이를 주는 행동이다.

# 돈이 돈을 버는
# 시스템을 만들어라

"어떻게 하면 돈을 많이 벌 수 있나요?"

이런 질문을 받을 때마다 나는 이렇게 되묻는다.

"돈을 모아본 적 있나요?"

돈을 버는 방법은 궁금해하면서 돈을 모으는 데는 소홀한 사람이 많다. 오히려 '티끌 모아 티끌'이라며 '크게 한 방'을 노리는 사람이 많다. 티끌 모아 태산을 만들 수 없다는 사람에게 묻고 싶다.

'티끌 써서 태산'은 되지 않던가? 얼마 안 하는 물건을 싸다고 하나둘 샀더니 카드명세서가 말도 안 되게 나온 경험이 있지 않은가. 뭔가 오류가 있다고 생각해서 내역을 다시 찬찬히 들여다봐도 결말은 항상 같다.

"다 내가 쓴 게 맞네. 언제 이렇게 썼지?"

미친 듯이 벌고 싶다면 먼저 미친 듯이 모아보라. 단돈 얼마라도 모으지 않고서는 어떤 것도 할 수 없다. 그렇다고 대단히 큰돈을 모으라는 게 아니다.

내가 운영하는 카페의 한 회원은 300만 원 정도에 물건을 낙찰받아 700만 원에 팔았다. 또 다른 회원은 몇백만 원에 낙찰받아서 1000만 원에 팔았다. 이런 사례가 끊임없이 나온다. 이 사람들도 처음부터 이런 방법을 알았던 게 아니다. 공부하고 도전했기에 성과를 얻을 수 있었던 것이다. 작은 성공의 맛을 보고 나면 하지 말라고 해도 계속 한다.


# #내_지출을_내가_알게_하라


자본금이 없다면 우선 아르바이트든 직장이든 내가 하는 일을 열심히 해서 돈을 모아야 한다. 지금 적으나마 수입이 나오는 곳에서 최선을 다하지 않는다면 다른 어디에서도 최선을 다할 수 없다. 내가 통제할 수 있는 일을 우선은 꾸준히 계속해야 한다. 그중 가장 쉬운 것이 바로 소비를 통제하는 것이다. 돈을 모으는 방법은 안 쓰는 것밖에 없다.

나는 종잣돈을 모을 때 포스트잇에 지출 내역을 매일 적었다. 작은 포스트잇 한 장에 날짜를 적고 커피값 얼마, 밥값 얼마 등을 적어 먼슬리 플래너에 붙였다. 포스트잇이 늘어나면 내가 소비를 많이 하고 있다는 게 눈에 보이니 자연스럽게 소비를 줄이려고 노력한다. 신용카드나 앱을 이용해 결제하면 돈을 쓴다는 감각이 무뎌지기 쉬운데, 이런 식으로 내 지출 내역을 가시화하는 게 포인트다.

사실 부동산을 비롯해 주식, 코인 등의 투자는 내가 개입할 수 있는 부분이 적다. 그러니 생각을 바꿔 통제할 수 없고 잘 모르는 분야에 올인하는 것을 멈추고 통제할 수 있는 소비에 집중해 종잣돈을 만드는 게 먼저다.

종잣돈을 몇백만 원만 모아도 경매, 공매를 할 수 있다. 지분으로 올라온 경매 물건들에 투자하면서 씨를 뿌려나가는 것이다. 소액으로 연습 삼아 한번 해보기에도 부담이 적다. 나는 55만 원에 낙찰받은 적도 있다. 자본금이 크지 않은 사람이라면 공동투자, 조각투자도 고려해 보자.

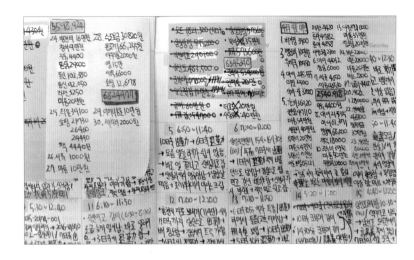

# #돈_빠르게_모으는_방법

그 외에 돈을 빠르게 모으는 방법은 세 가지다.

### 1) 기호식품을 멀리한다

나는 술, 담배, 커피를 하지 않는다. 이런 기호식품을 즐기면 습관적으로 돈이 나간다. 이 비용만 줄여도 생각보다 많은 돈이 모인다.

## 2) 신용카드를 쓰지 않는다

나는 신용카드가 없다. 대출받을 때 어쩔 수 없이 만들었다가도 다 잘라버린다. 내가 제일 싫어하는 게 할부다. 오로지 체크카드만 사용한다. 목돈을 쓸 때도 마찬가지다. 신용카드의 포인트라든가 혜택을 취하면 이득이라는 사람도 있지만, 그렇게 얻는 이득보다 돈을 덜 쓰고 더 모으는 게 낫다고 생각한다.

## 3) 70% 이상은 저축한다

직장 생활을 할 때 나는 무조건 80%를 저축했다. 그게 가능하냐고? 당연히 힘들다. 정말 노력을 많이 했다. 쓸 거다 쓰고 남은 돈을 저축하겠다는 건 허상이다. 자신을 과대평가하지 말고 먼저 저축한 뒤에 남은 돈을 아껴 써야 한다. 월급은 순식간에 통장을 스쳐 간다.

이 내용을 SNS에 올렸더니 많이 달린 댓글이 있다. 사실 내 예상에서 벗어나지 않는 반응들이었다.

"수입이 많아야 돈이 모이지, 수입이 적으면 그것도 힘들어요."

물론 자기계발을 통해 연봉을 올리는 것도 중요하다. 하지만 처음부터 수입이 큰 사람은 많지 않다. 수입이 적을 때 절약하는 경험을 해보지 않고 저축하는 습관을 기르지 않으면 아무리 많이 벌어도 돈이 줄줄 새기 마련이다.

"사람도 못 만나면서 팍팍하게 살고 싶지 않아요."

평생 이렇게 살라는 게 아니다. 투자할 만한 종잣돈을 모을 때까지는 아끼는 것 말고는 방법이 없다. 그리고 내가 잘되면 더 좋은 인맥이 알아서 생긴다. 더 나은 삶을 위해 노력하는 동안 끊길 인연이라면 딱 그 정도의 인연인 것이니 미련을 가질 필요가 없다.

무언가를 얻으려면 반드시 다른 뭔가를 포기해야 한다. 하고 싶은 것 다 하면서 내가 원하는 성장을 이룬다는 건 불가능하다.


# #돈이_돈을_버는_시스템


앞서 돈을 모으는 것의 중요성을 강조했지만, 그것은 어디까지나 종잣돈을 마련하기 위한 과정일 뿐 한 단계 더 올라가기 위해서는 돈이 알아서 돈을 벌어오는 시스템을 만들어야 한다.

책을 내고 강의를 시작하면서부터 나를 부르는 곳이라면 어디든지 갔다. 그런데 어느 순간 목이 아프기 시작했다. 내 몸을 갈아서 하루하루 강의료를 받는다면 얼마나 더 살 수 있을까 생각했다.

"가난한 사람들과 중산층은 돈을 위해 일한다. 부자들은 돈이 자신을 위해 일하게 만든다."

《부자 아빠 가난한 아빠》를 쓴 로버트 기요사키의 이 말은 돈의 힘을 이용해서 돈의 주인이 되어야 한다는 뜻이다. 이 책을 읽고 시스템을 만들어서 돈이 돈을 벌게 해야겠다는 생각이 들었고, 그 방법을 궁리하기 시작했다. 그러다 낙찰받은 부동산을 임대를 주는 것만이 아니라, 내 사업을 할 수도 있지 않을까 생각했다. 그러면 더 많은 수익을 얻을 수 있을 것 같았다.

그래서 낙찰받은 건물에 공유 오피스를 운영하기 시작했다. 임대만 했다면 월수익은 100만 원에 그쳤겠지만, 공유 오피스를 운영하자 월수익은 600만 원을 넘겼다. 2022년에 낙찰받은 12층짜리 건물에는 테니스장을 차렸다. 임대를

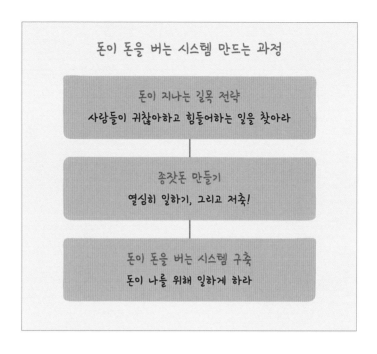

돈이 돈을 버는 시스템 만드는 과정

**돈이 지나는 길목 전략**
사람들이 귀찮아하고 힘들어하는 일을 찾아라

**종잣돈 만들기**
열심히 일하기, 그리고 저축!

**돈이 돈을 버는 시스템 구축**
돈이 나를 위해 일하게 하라

줬다면 월 800만 원도 못 받았겠지만 현재 테니스장의 월 매출은 4000만 원 이상이다. 오픈 후 4개월 만에 이룬 성과기 때문에 시간이 흐를수록 매출은 더 늘어날 것이다. 월매출이 늘어난다면 건물의 가치는 더 높아질 수밖에 없다 건물의 가치는 들어선 업체가 얼마나 사업이 잘되는지, 월세를 얼마나 내는지로 평가되기 때문이다. 이런 식으로 추가수익을 얻고, 건축·시행 등으로 사업 영역을 확장했다. 이게 바로 돈이 돈을 버는 시스템이다.

# #부가가치를_얻는_방법

앞서 언급한 양 대표에게도 《부자 아빠 가난한 아빠》를 읽어보라고 주었더니 새로운 세상이 열렸다며 감동을 받았다. 양 대표는 군인으로 15년간 살면서 스스로 수익을 창출하는 경험을 해보지 못했는데, 이 책이 완전히 새로운 세계를 보여준 것이다.

"그런데 '돈이 나를 위해 일하는 시스템을 만들라'는 말이 무슨 뜻인지 모르겠어요. 대체 어떻게 하면 돈이 나를 위해 일할 수 있죠?"

"그래? 내가 감이 확실히 올 수 있게 해줄게."

나는 제주도에 있는 건물 하나를 양 대표와 공동으로 매입했다. 그리고 그 건물을 에어비엔비를 통해 단기 숙박을 할 수 있는 곳으로 사업화시켰다.

"우리는 지금 서울에 있어. 그런데 우리가 매입한 부동산이 알아서 일하면서 제주도에서도 돈을 벌 수 있게 된 거야. 이게 돈이 나를 위해 일하는 시스템이야. 우리가 그걸 만든 거지."

그제야 양 대표는 고개를 끄덕였다. 돈이 돈을 부르는 상황을 경험하자 그는 사업가적인 마인드를 갖기 위해 노력하기 시작했다. 우리 회사가 더 많은 수익이나 가치를 얻기 위해서는 어떻게 해야 할지 고민하면서 시키지 않아도 창의적인 일을 시도했다. 이제 그는 부가가치를 창출할 아이디어를 떠올리는 단계에 이르렀다.

# #시스템_투자의_정석

주식도 돈이 돈을 버는 대표적인 수단이다. 나는 주식 투자를 할 때 수익률이 아니라 수량에 집중한다. 처음에는 많은 사람이 그렇듯 나도 사고팔기를 반복했다. 하지만 주식은 최대한 모으는 것이 장기적으로 더 큰 수익을 얻을 수 있다는 것을 깨달았다.

예를 들어 삼성전자 주식을 10주 갖고 있었는데, 주가가 2배 올랐다고 해보자. 기분은 좀 좋을지 모르겠지만, 이 정도로는 큰 돈을 벌었다고 말하기 힘들다. 기쁘기는커녕 '더 살걸' 하는 후회가 먼저 들 것이다. 반면 수량을 많이 가지고 있다면 조금만 올라도 수익은 더 커진다. 10주를 가졌을 때 100퍼센트가 오르면 얻을 수 있는 수익을 100주일 때는 10퍼센트, 1000주일 때는 1퍼센트만 올라도 얻을 수 있다. 물론 하락할 때의 손해도 그만큼 크니 투자할 종목을 고르는 게 중요하다. 장기적으로 우상향할 확률이 높은 1등주나 ETF를 사 모아야 하는 이유다. 떨어지든 오르든 꾸준히 적립식으로 모으면 5년, 10년이 지나 수익이 눈덩이처럼 불어나는 걸 볼 수 있다. 하지만 기다리는 게 쉽지는 않다.

코로나19 팬데믹이 종식된 이후 주가가 급락했고, 소위 말해 곡소리가 났다. 내가 가진 종목 중에서도 수익률이 마이너스가 된 게 꽤 있다. 하지만 나는 그때를 오히려 기회로 보았기에 마이너스인 종목을 더 사 모았다. 이처럼 나는 주가가 떨어질 때만 사들인다는 원칙을 가지고 있다. 물론 여유 자금이 있기에 가능한 일이다.

지금도 계속 주식을 모으고 있다. 현재 제일 많이 오른 종목은 수익률이 250%가 넘는다. 아직 팔지 않았으니 확정된 수익은 아니다. 하락할 수도 있다. 하지만 우량주이기에 부침이 있을지언정 보유 기간이 길어질수록 더 큰 수익을 안겨줄 것이라고 믿는다.

종목에 따라 다르지만 주식도 부동산의 임대료처럼 정기

적으로 배당금을 받을 수 있다. 현재 매달 들어오는 배당금만 해도 몇백만 원이다. 이처럼 종잣돈을 모아서 가치 있는 곳에 투자하고, 돈이 돈을 버는 시스템을 만드는 것이 투자의 진정한 목표다.

## 4장

확장의 하루

성공을 나눌수록
내 영향력은 커진다

——————— 경매학원에 다닐 때 수강료만 노리는 강사가 많았다. 그들은 정말 중요한 건 알려주지 않았다. 경매나 부동산 투자 강의를 들을 때도 마찬가지였다. 수박 겉 핥기 식으로 알려준 다음 더 중요한 내용을 알고 싶으면 돈을 더 내라고 부추겼다. 그러면 돈을 더 지불하는 사람도 있겠지만 나처럼 문을 박차고 나가는 사람도 적지 않다. 자본주의 사회에서 돈을 요구하는 것이야 당연한 일이겠지만, 돈이 없고 절실했던 나는 장삿속이 빤한 태도에 서글프고 화가 났다.

'나는 저렇게 하지 말아야지. 비록 지금은 지식과 경험이 얕지만 내가 알고 경험한 건 무조건 다 공유해야지.'

이후 블로그에 투자 사례를 포스팅하거나 강의를 할 때면 내가 아는 모든 걸 알려주었다. 모든 과정을 구체적으로 설명해 주는 나의 태도는 어느새 차별화 포인트가 되었고, 감사하다는 댓글이 늘어났다.

그러자 놀라운 일이 벌어졌다. 블로그 구독자가 빠르게 늘었고, 강의 요청이 쇄도했다. 나를 찾아오는 사람이 많아졌고 다양해졌다. 그들과 교류하며 내 사업 영역은 확장되었다. 반면 투자 노하우를 다 알려줬지만 내 투자 수익이 줄어드는 일은 생기지 않았다.

# 인플루언서가
# 되는 법

20대 후반에 나는 강연과 자기계발서로 유명한 사람들 밑에서 일한 적이 있다. 유명한 그들이 나를 띄워주기도 했고, 그러면 사람들이 나를 우러러보는 것 같아 으쓱해지기도 했다. 그런데 그런 명성이 내 것이 아니었다는 걸 그들을 떠나고서야 알았다. 다 거품이고 허상이었을 뿐 독립해 나오자 나는 아무것도 아니었다.

나만의 브랜드가 중요하다는 생각이 들었다. 나만의 브랜드를 어떻게 만들 것인가. 당시에는 유튜브도 없었고 블로그가 잘나가던 때라 나도 블로그나 해볼까 싶었다. 자기계발 분야의 파워블로거가 되자는 목표로 블로그를 시작했다. '나'라는 브랜드를 만들어야 했다.

## #파워블로그의_조건은_꾸준함

무조건 파워블로그가 되겠다는 생각으로 온갖 해시태그를 달아 매일같이 별의별 글들을 올렸다. 그러나 곧 내 생각이 잘못됐다는 걸 깨달았다. 나만의 브랜드와 가치를 블로그에 녹여내지 못하면 몇몇 개의 글은 조회수가 높을지 몰라도 블로그 자체가 성장하거나 사람들이 꾸준히 찾는 파워블로그가 될 수는 없었다. 소리만 요란한 빈 깡통 같은 블로그는 금방 바닥이 드러난다.

내가 진정으로 다른 사람들과 공유하고 싶은 게 무엇인지를 찾아야 사람들도 내 글에 공감해줄 수 있을 거라고 생각을 바꿨다. 고민하다가 내가 항상 실행하고 좋아하는 독서를 주제로 게시물을 올리기 시작했다. 나처럼 책을 전혀 안 읽다가 읽기 시작한 사람이라면 시행착오가 많다. 그래서 내가 터득한 독서 노하우와 도서 리뷰를 사람들과 나누기로 했다. 영어 공부를 열심히 할 때라 영어 명언도 꾸준히 올렸다. 그러자 블로그에 알찬 내용의 글들이 늘어나기 시작했다.

2013년 배달 알바를 하던 1년 반 정도의 기간에는 블로그에 "100일 동안 100 감사 쓰기에 도전합니다"라는 글을 올린 것을 시작으로 감사 일기를 써나갔다. 사실 그때 감사 일기 프로젝트를 시작한 건 현실이 너무나 힘들고 막막했기 때문이었다. 《100감사로 행복해진 지미 이야기》라는 책에서 감사 일기를 쓰면 행복해지고 인생이 변한다고 하기에 실천해 본 것이다.

배달 하나를 끝내고 나면 계단에 앉아 수첩을 꺼내서 감사한 일을 10개씩 적었다. 하루에 적어도 10여 곳에는 배달을 갔으니, 매일 100개의 감사한 일을 적는 셈이었다. 나중에야 이건 너무 과하다 싶어 한 번에 3~5개씩 쓰는 것으로 조정했다. 그래도 하루에 50개씩은 적었다.

진정성 있는 글들을 성실하게 매일 올리니 블로그를 방문하는 사람이 늘어났고 댓글도 많아졌다. 내 글을 봐주는 사람들이 있다는 생각에 무척 기뻤다.

# #하나만_올리면_된다

　블로그의 시대에서 유튜브의 시대로 바뀌었다고 하지만 글을 쓰다가 영상을 찍기가 쉽지 않았다. 유튜브를 시작하겠다고 마음먹고도 첫 영상을 올리기까지 장장 8개월이 걸렸다. 내가 이렇게 말을 못하는 놈이었나, 내 머릿속에 지식이 이렇게 짧았나 하면서 자책만 하던 시간이었다. 얼굴을 공개하는 것도 부담이었다. 그러던 중에 유튜브 팔로어가 몇만 명인 지인이 찾아와서 재촉했다.

"무조건 카메라 앞에 앉으세요. 무조건 오늘 하나 찍어서 올려야 해요."

시작이 어려울 뿐 막상 하면 잘할 수 있으리란 걸 그는 경험으로 알고 있었던 것이다. 정말 그랬다. 눈 딱 감고 영상 하나를 올렸는데 그다음부터는 좀 더 쉬워졌다. 그렇게 몇 개월을 꾸준히 올리니까 사람들이 좀 유입되었다.

당시에는 경매, 공매가 그렇게 대중화돼 있는 것도 아니어서, 과연 사람들이 내 영상을 볼까 싶었다. 하지만 세상에는 나와 관심사가 비슷한 사람이 분명 존재한다. 그리고 유튜브 역시 흥미로운 콘텐츠를 제공하는 게 중요했다.

묘지가 있는 땅처럼 어려운 토지를 낙찰받아서 해결하는 방법, 벤츠를 낙찰받아 수리하는 과정 등 경매를 하지 않는 사람도 궁금해서 클릭해 볼 만한 콘텐츠는 뜨거운 관심을 받았다. 이런 영상이 뜨면서 구독자가 확 늘어났다.

SNS가 이미 레드오션이라 기회가 없다고 말하는 사람도 많다. 하지만 레드오션이 아닌 곳을 찾느니, 레드오션에서 시작하더라도 그걸 나만의 블루오션으로 만드는 게 낫다. 블루오션으로 만들기 위해 다른 이와의 차별점은 무엇인가를 끊임없이 고민하면서 나만의 색깔을 넣어야 한다.

# 내 콘텐츠가 돈이 된다는 걸 깨닫다

블로그를 9년 동안 꾸준히 운영했다. 주목적은 독서록을 올려서 스스로 동기부여를 하는 용도다. 매일 성실히 업데 이트한 덕분에 파워블로거가 되었다.

하루는 내 블로그를 눈여겨본 출판사로부터 책을 내보지 않겠느냐는 제안을 받았다. 내가 독서하는 방법과 그 과정, 블로그에 옮긴 내용을 좀 더 발전시켜 독서법 책을 내자는 것이었다.

그때 처음으로 내 블로그에 글들이 돈이 되는 콘텐츠라 는 사실을 깨달았다. 나 같은 사람도 책의 저자가 될 수 있다는 기대가 생겼다. 내가 쓸 수 있는 내용을 덧붙여 출판 기획서를 작성하고, 수십 군데의 출판사에 이메일을 보냈다. 내가 쓴 글이 어떤 피드백을 받는지 궁금했기 때문이다. 신기하게도 몇 곳에서 연락이 왔고, 그중 한 출판사에서 결혼 직전에 첫 책《일독일행 독서법》을 출간했다.

책을 내고 처음에는 별 반응이 없었다. 그런데 결혼을 하고 한 달쯤 지난 후부터 반응이 나타나기 시작하더니 자기계발 분야 베스트셀러 2위까지 올라갔다. 인세를 가장 많이 받았을 때는 통장에 1000만 원 정도가 찍히기도 했다. 물론 처음부터 금전적인 대가를 기대하거나 예상한 것은 아니었다. 책을 쓰면 지금보다는 삶이 조금이라도 나아지지 않을까, 하는 마음에 최선을 다했더니 보답이 생각보다 더 컸다.

책은 입소문이 퍼질수록 가치를 창출했다. 강연 요청이 들어오기 시작한 것이다. 독서에 관한 책이다 보니 학교나 군부대 등에서 강사로 초청받았다. 강연료는 적게는 20만 원에서 많게는 60만 원이었고 무료로 해달라는 경우도 꽤 있었는데, 나를 불러주는 곳이라면 어디든 갔다. 찾아주는 것만으로도 감사하고 내 영향력을 높이는 일이라고 생각했기 때문이다.

# #투자와_블로그_연결하기

경매 투자를 시작한 이후로는 낙찰받고 하나씩 해결하는 과정을 블로그에 올렸다. 왜 이 물건을 입찰했고 낙찰받았는지, 어떤 과정을 통해 수익을 얻었는지 누구보다 자세히 적었다. 경매 과정을 잊어버리지 않기 위해 익숙한 블로그에 기록한 것이다.

내 글에 사람들이 반응을 보이기 시작했다. 경매, 공매 관련된 검색량이 점점 늘었고 댓글도 달렸다. 내가 올린 정보 덕분에 도움을 많이 받았다는 말에 힘이 났다. 처음에는 나 자신을 위해 기록한 것이지만 반응이 생기자 더 신이 나서 열심히 기록했다. 그러던 어느 날 댓글이 하나 달렸다.

'저도 경매를 배우고 싶은데 혹시 강의는 안 하시나요?'

강의를 문의하는 댓글이 하나둘씩 달리기 시작했는데 이건 내가 생각지도 못한 것이었다. '나중에 반응이 오면 강의도 해야지'라고 생각하고서 블로그에 기록한 건 결코 아니기 때문이다.

영어 공부를 하면서 초보자들을 대상으로 강의한 경험이 있었다. 경매는 내가 직접 경험한 내용이니 더 잘할 수 있겠다는 생각도 들었다. 한번 해보자 싶어서 블로그에 강의 공지 글을 올렸다. 첫 강의료는 10만 원이었고, 12명이 참여했다. 몇 년 후 수강생은 수백 명으로 늘었고, 강의료도 다섯 배 이상 뛰었다.

# #1000만_조회수의_기적

코로나19 팬데믹 때는 나도 아찔했다. 강연이 끊긴 것이다. 그래서 더더욱 임장을 계속 다니며 투자 레이더를 켜놓았기 때문에 수익이 아예 막히지는 않았다.

강의 분야에서는 오히려 성장의 발판을 마련할 기회가 됐다. 그동안 오프라인 강의만 하다가 온라인 강의까지 활동 영역을 넓힌 것이다. 이제는 내 강의를 공간의 한계를 넘어 전국에 있는 수강생들에게 제공할 수 있다.

현재는 온라인 강의도 자리를 잡았는데, 결정적 계기는 2022년 온라인 강의 플랫폼인 클래스유에서 했던 강의였다. 1분짜리 홍보 영상이 초대박이 났다. 내 강의는 클래스유에서 최단 기간 내 최고 매출을 올렸고, 부동산 분야에서 부동의 1위로 자리를 굳혔다. 1분 영상의 유튜브 조회수는 1148만 회가 넘었다. 이때를 기점으로 월수익이 1억 원에서 3억 원 이상으로 크게 늘었다. 그로 인한 수입은 투자를 통해 눈덩이를 굴렸다.

# 수익을 얻는 SNS는
# 무엇이 다른가

내가 운영하는 자기계발 카페인 '라이프체인징'에도 SNS를 잘 활용한 사례가 많다. 일례로 꿈을 위해 교육업에 종사하던 아로스 님의 이야기다.

아로스 님의 월급은 70만 원이었다. 월세와 통신비 내고 식비를 조금 쓰고 나면 없어지는 돈이었다. 퇴근길에 있던 계란빵 가게에서 나는 고소한 냄새를 맡고도 매번 참아야 했다. 동네 빵집에서 3개에 1000원 하는 단팥빵을 사서 매일 아침 하나씩 먹었는데, 계란빵을 사버리면 3일 동안 아침을 굶어야 했기 때문이다. 그만큼 금전적으로 힘들었다.

한번은 지금의 아내인 여자친구와의 기념일을 맞아 장미꽃 한 송이를 샀다. 5000원이었으니 보름 동안 아침을 굶어야 했지만, 이것만은 해주고 싶었다. 여자친구는 꽃을 받고 입이 귀에 걸릴 정도로 환하게 웃었다. 그 모습을 보면서 마음이 무너졌다. 돈이 없으면 사랑하는 사람의 미소도 볼 수 없다는 걸 깨달은 것이다. 내 사람도 못 지키면서 내 꿈을 지키는 게 맞나 하는 생각도 들었다.

이런 현실을 바꾸기로 했다. 가장 먼저 한 일은 몸으로 때우는 것이었다. 별다른 능력이 없으니 막노동부터 시작했는데, 역시 쉽지 않았다. 그럼 반대로 머리를 쓰는 일을 해보자 싶었다. 돈이 없으니 무자본으로 할 수 있는 스마트스토어, 해외구매 대행, 블로그 등 돈이 된다는 건 다 해봤다. 그 중 티스토리 블로그가 가장 수익이 컸다. 티스토리에는 애드센스라는 구글 광고를 넣을 수 있는데, 방문자가 그 광고를 한 번 클릭할 때마다 돈이 들어오는 구조다.

처음에는 블로그를 잘 아는 사람들을 쫓아다니며 배웠다. 덕분에 빠르게 성장했지만 그 이상에 도달하려면 자신만의 노하우를 만들어야겠다고 생각했다. 심리학을 공부해서 어떻게 하면 사람들이 광고를 클릭하게 만들 수 있는지도 연구했다. 퇴근하고 집에 돌아오면 7~8시가 되는데 매일 20개 정도를 포스팅했다. 그러다 밤을 꼬박 새우고 출근할 때도 많았다. 이렇게 티스토리를 여러 개 운영해서 1년 만에 월수익이 1000만 원이 넘었다.

이처럼 수익을 내는 인플루언서들에게는 공통점이 있다. 자신의 장점을 콘텐츠에 녹이고 이를 공유하는 효율적인 방법을 찾는 것이다. 이를 간단히 설명하면 다음과 같다.

## #나에게_맞는_영역을_찾아라

어떻게 나만의 콘텐츠를 만들 것인가? 이를 위해서는 먼저 자신을 들여다보는 일, 즉 자기 분석이 필요하다. 나를 알기 위해 다음 질문을 던져보라.

나는 어떤 사람인가?
나는 무엇에 관심 있는가?
나는 무엇을 할 때 행복한가?
나는 무엇을 잘하는가?

나는 어떻게 살고 싶은가?

이런 질문의 답은 금방 나오지 않는다. 끊임없이 자신과 마주하며 스스로에게 질문을 던져야 한다. 그러다 보면 내가 가장 꾸준히 즐겁게 할 수 있는 일이나 분야가 나올 것이다. 자기가 뭘 좋아하는지 처음엔 잘 모를 수 있다. 아무래도 내가 관심 있고 조금이라도 잘할 수 있는 분야를 택해야한다.

## #나만의_콘텐츠를_만들어라

사람은 제각기 개성이 다르고, 경험하거나 생각하는 것도 다르다. 똑같은 것을 보고 들어도 저마다 다르게 생각하고 반응하는 법이다. 따라서 내 안에는 나만의 콘텐츠가 이미 존재한다. 아직 내가 그것을 끄집어내지 못했을 뿐이다.

나의 영역에서 내가 공부하고 생각하고 경험한 것이 모두 콘텐츠가 될 수 있다. 성공과 실패 사례뿐만 아니라 배움의 과정 또한 누군가에게는 도움이 되고 영감을 줄 수 있다.

# #콘텐츠를_발표하라

나만의 콘텐츠가 아무리 좋아도 세상에 내보이지 않으면 아무도 알아주지 않는다. 다양한 수단을 통해 표현하고 홍보해야 한다. 과도하게 떠벌리고 자랑하라는 게 아니라 내가 이룬 것과 경험을 소개하면 된다. 여기에는 실패담도 포함될 수 있다. 실패를 어떻게 극복했는지도 나만의 콘텐츠가 된다.

가장 좋은 방법은 역시 SNS를 활용하는 것이다. 또한 오프라인 활동에도 적극적으로 참여해서 자신을 홍보하고 인적 네트워크를 구축하면 좋다. 홍보비도 들지 않고 진입장벽도 낮기에 아무나 시작할 수 있다. 꾸준히 하느냐가 중요한데 이건 자신에게 달렸다.

나를 외부에 발산해야 나라는 브랜드가 확산될 수 있다. 나의 이미지와 브랜드에 충실하게 행동하는 것도 중요하다.

# 내 스토리가
# 통하게 하라

누구나 자신만의 스토리를 가지고 있지만, 그걸 표현하는 건 또 다른 문제다. 뛰어난 능력과 특별한 경험을 가졌는데도 잘 표현하지 못해서 그냥 묻히는 경우도 있다. 반대로 능력보다 스토리텔링을 잘해서 승승장구하는 경우도 있다.

스토리텔링을 어렵게 생각할 건 없다. 어떤 지식이나 정보를 문자, 그림, 영상, 소리 등으로 전달하는 것이다. 쉽게 말해 '이야기'다. 이야기를 좋아하는 건 사람의 본능과 같다. 문자가 발명되기 전부터 사람들은 이야기를 만들고 주고받았다. 누구나 흥미로운 이야기를 듣고 싶어 하므로 얼마나 재미있게 전달하느냐가 중요하다.

　눈치챘겠지만 스토리텔링을 하려면 경험이 많을수록 유리하다. 별것 아닌 경험도 재미있게 잘 살리는 스토리텔링 능력도 중요하지만 경험이 너무 없으면 이야깃거리 자체가 없기 때문이다. 그래서 스토리텔링을 잘하기 위해서는 무엇보다 삶을 열심히 살아야 한다.

　나만의 스토리가 나의 이미지, 브랜드와 어우러졌을 때 사람들에게 더 깊은 인상을 심어준다. 불행했던 기억이나 실패의 경험도 서사가 될 수 있다. 성공가도만 달리며 승승장구해온 사람들의 이야기는 흥미가 떨어진다. 당장 드라마나 영화를 생각해 보라. 성공만 하는 스토리는 없다. 재미가 없기 때문이다. 불행도 있고 실패도 있어야 성공이 더 극적으로 보인다. 그리고 불행과 실패를 극복하는 모습을 보며 우리는 감동을 받는다.

　나 역시 불우했던 어린 시절을 숨기지 않고 공개했다. 강연을 할 때도 자주 그 이야기를 하는데, 그로 인해 나의 성공이 더욱 큰 인상을 남겼다고 생각한다. 참석자들은 '저 사람도 저렇게 이겨냈는데'라고 생각하면서 힘을 얻는다.

　우리의 경험은 좋든 나쁘든 모두 밤하늘을 수놓은 별과

같다. 그 별들을 잘 이어서 어떤 스토리로 만드느냐는 나에게 달렸다. 과거에 불행했거나 지금 불행하다고 해서 침잠하지 말고 이야기로 만들어 공유하라. 사람들과 나누어 나만의 브랜드 가치를 높여라.


# #가장_훌륭한_글쓰기_교재

나는 블로그를 시작하면서부터 본격적인 스토리텔링을 시작했다. 업데이트를 꾸준히 하기 위해 사소한 경험이나 지식도 잘 꾸며서 올렸다. 더 진화된 스토리텔링은 바로 책을 쓴 것이었다.

책을 워낙 많이 읽다 보니 어느덧 나도 책을 쓰고 싶다는 꿈이 생겼다. 책을 쓰면서 인생의 전환점을 찾아보고 싶기도 했다. 하지만 나 같은 사람이 책을 써도 되는지, 아니 쓸 수나 있을지 자신이 없었다. 우선 글쓰기를 잘해야 할 텐데 나는 글을 정말 못 쓴다고 생각했다. 그래서 몇백만 원을 내고 글쓰기 학원도 다녀보았지만 별 소득은 없었다.

그러면서 깨달았다. 글쓰기를 연습하는 가장 좋은 방법

은 그저 많이 써보는 것이었다. 내가 썼던 방법 중 도움이 되었던 것은 기존에 있는 문장을 내 방식대로 바꾸어보는 것이다. 예를 들어 '만리장성을 쌓는 법은 먼저 돌을 하나 올려놓는 것이다'라는 문장이 있다면 '효도하는 방식은 지금 당장 전화라도 한 통 먼저 하는 것이다'라고 응용해 보는 식이다. 많은 책을 읽으면서 다양한 저자의 문체를 흉내 냈고, 그러면서 글쓰기 능력도 점점 향상됐다.

그리고 나만의 콘텐츠와 스토리를 개발하는 것이 중요하다. 그 스토리를 어딘가에다 나누고 표현하면 분명 그걸 보는 사람이 있다. 내 블로그도 수년간 콘텐츠가 쌓이니 방문하는 사람들이 점점 늘어났다. 그러자 출판사에서 책을 내자는 제안을 해왔다. 내 스토리텔링이 인정받은 것이다.

책을 낸 후 내 브랜드가 더 단단해졌다. 나는 이제 독서법 책의 저자라는 수식어를 하나 더 얻었다. 책을 쓸 때는 고통스러웠지만 출간하고 나니 새로운 문이 열렸다. 그걸 통해 한 단계 더 도약할 수 있었다. 힘들었던 과거, 방황했던 경험이 책에서 중요한 콘텐츠가 되었음은 물론이다. 그리고 책은 강의로 이어져 내 브랜드 가치를 키웠다.

# #실행은_지식을_결합하는_접착제

여기서 다시 한 번 실행의 중요성을 강조하지 않을 수 없다. 창조는 하늘에서 갑자기 뚝 떨어지는 게 아니라 실행을 하면서 만들어가는 것이기 때문이다.

우선 실행과 공부는 떼려야 뗄 수가 없다. 바늘 가는 데 실 가는 것처럼 실행을 위해서는 반드시 공부가 뒷받침되어야 한다. 감사 일기를 쓸 때도 그냥 감사 일기만 쓰는 게 아니라 관련 책을 읽는 것이 좋다. 타인의 경험을 읽으면서 지식을 확장하고 나에게 맞게 적용하는 과정이 필요하다.

나 혼자 실행하며 얻은 노하우와 여러 사람이 실행하며 익힌 노하우 사이에는 양적인 차이뿐 아니라 질적인 차이가 존재한다. 예를 들어 전문가 집단의 실험 결과에는 우리가 평생 공부해도 알 수 없는 지식이 담겨 있다.

여러 노하우를 공부하면서 영역을 넘나들다 보면 내 분야가 확장됨을 느낄 수 있다. 내가 관심을 가진 주제를 중심으로 관련 분야의 지식과 경험이 어우러지면서 나만의 콘텐츠를 형성한다. 창조의 법칙은 이종배합이다. 즉 서로 다른 분야이 지식을 결합하는 데서 출발한다. 여러 저자의 지식을 흡수하면서 내 경험과 지식이 합성되고 더욱 확장되는 것이다.

보통 이론이나 지식의 결합은 둘 사이를 이어주는 접착제나 촉매제가 없기 때문에 금방 떨어지는 경우가 많다. 이때 실행은 접착제와 촉매제 역할을 한다. 실행으로 두 개의 서로 다른 지식을 하나로 만들 수 있으며, 이것은 세상 어디에도 없는 나만의 콘텐츠로 재창조된다.

책을 읽고 실행하고, 다시 공부하기를 반복하면 경쟁력이 커질뿐더러 공부에도 재미가 붙는다. 이렇게 나만의 콘텐츠를 재창조해서 차별화된 나만의 강점을 만들 수 있다. 나만의 콘텐츠로 내 가치를 내보일 수 있다. 이로써 더 큰 커리어를 쌓아 더 넓은 세상으로 나아갈 수 있다.

# 문제가 생겼다?
# 콘텐츠가 생겼다!

블로그를 하고 2015년에 책을 내면서 내가 가진 경험이나 노하우가 누군가에게 도움이 된다는 사실 그리고 그것이 수익으로 이어질 수 있다는 사실을 알았다. 앞서 말했듯 스토리에는 힘이 있다.

사람들이 어려워하는 소송이나 지분 경매 등을 쉽게 접근할 수 있도록 도와주면 이게 또 나만의 스토리가 되겠다는 생각이 들었다. 나만의 무기가 되고 사람들에게 충분한 가치를 제공해 줄 수 있겠구나 싶었다.

# #퀘스트를_깨며_콘텐츠_쌓기

꼭 경매나 공매를 하지 않더라도 어떤 일을 하다 보면, 어렵고 힘든 상황을 만날 때가 있다. 그러면 많은 사람이 이렇게 생각한다.

'아, 골치 아파. 스트레스 받아서 못 하겠어.'

반면 나는 이렇게 생각한다.

'오호, 어려운 문제네. 이걸 해결하면 나만의 스토리가 되겠는걸.'

변호사나 법무사도 쉽게 해결하지 못하는 문제를 내가 풀었을 때, 그게 나만의 스토리가 되고 내 자산이 된다. 이런 생각을 가지려면 문제 해결 과정을 경험해 봐야 한다. 수학 문제를 푸는 것과 비슷하다.

'이 등급 정도의 문제는 이제 다 풀 수 있네. 그럼 좀 더 어려운 문제에 도전해 보자.'

더 어려운 문제를 풀면서 나는 더 성장했다. 자신을 게임 캐릭터로, 어려운 일들을 퀘스트라고 생각해 보라. 퀘스트가 점점 더 어려워지지 않으면 재미도 없고 그 게임을 할 이유도 없어진다.

경매에 나온 물건들에는 저마다의 스토리가 있다. 그리고 내가 진행한 경매는 나만이 경험한 스토리다. 그걸 공유하면 내 가치가 올라간다. 공유해야 피드백이 오고, 그래야 동기부여가 된다. 그렇게 경험과 콘텐츠를 채우면서 나의 브랜드는 더 단단해진다.


## #나의_성장을_콘텐츠화하라


나는 문제를 해결하면서 일종의 희열을 느낀다. 그리고 나는 콘텐츠를 생산해야 하는 사람이니까 이게 콘텐츠가 되겠다는 생각도 든다.

한번은 낙찰받은 아파트에 갔더니 쓰레기로 뒤덮여 있었다. 점거인이 어려운 상황에서 마음에 병까지 들어 주변 쓰레기들을 집 안에 모아둔 것이었다. 집이 방치되어 엉망인 것은 물론이었다. 아무리 낙찰받은 집이라도 집 안의 물건을 내 마음대로 버릴 수는 없다. 그래서 가족에게 연락해 유체동산포기각서를 받고 집을 치우기 시작했다. 청소업체에 의뢰를 해서 아주머니 세 분과 공동투자를 한 지인과 함께 다섯 명이서 달라붙어 꼬박 3박 4일 동안 집을 치웠다. 쓰레기를 치우는 데 100개 이상의 포대를 써야 했고, 1톤 트럭 다섯 대가 동원됐다. 그 후 1000만 원 이상을 들여 인테리어를 하고 나니 바로 젊은 부부에게 월세를 줄 수 있는 집으로 바뀌었다. 이런 게 경매의 순기능이라고 생각한다.

그리고 내 입장에서는 '역대급 쓰레기 집을 낙찰받아서 수익 낸 과정'을 콘텐츠로 만들어 유튜브에 올리니 반응이 무척 좋았다. 어려울수록 오히려 흥미로운 콘텐츠가 된다. 그런 의미에서 세상엔 버릴 경험이 하나도 없다.

물론 처음에는 당황스럽고 힘들 수 있다. 그러나 한두 번 반복하다 보면 노하우가 쌓이고 협상력이 높아지고, 흐름이나 절차를 알기 때문에 더 이상 스트레스를 불러일으키지 않는다. 비용을 아낄 수 있는 노하우도 생겨서 수익은 더 커지고 일은 쉬워진다.

문제는 쉽게 포기하고 반복하지 않는다는 것이다. '집을 한 번 지으면 10년은 늙는다'는 말이 있다. 그런데 포기하지 않고 계속 집을 짓는 사람은 뭐라고 하는지 아는가? 두 번째, 세 번째부터는 5년, 3년씩 젊어진다고 한다. 처음에는 시행착오가 많아서 스트레스 받고 미치겠다는 생각이 들지

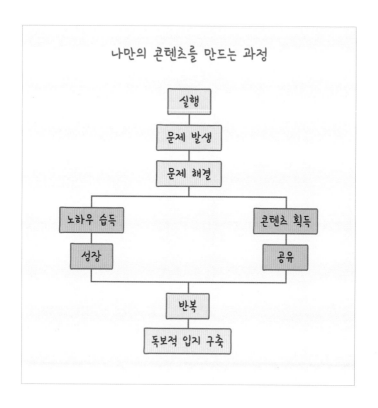

나만의 콘텐츠를 만드는 과정

실행

문제 발생

문제 해결

노하우 습득 / 콘텐츠 획득

성장 / 공유

반복

독보적 입지 구축

만 여러 번 하다 보니까 실수가 줄고 심지어 재미있어진다.
내가 성장하는 만큼 성과도 더 커진다. 더불어 이것을 콘텐
츠로 만들어 공유하는 것을 꾸준히 반복하면, 독보적 입지
를 차지할 수 있다.

# 다 알려주는 것이
# 차별화가 된다

내가 경매를 시작할 때의 이야기를 해보겠다. 처음에는 경매 관련 책을 읽어도 어려워서 경매학원에 다니기도 했다. 하지만 나와는 잘 맞지 않는다고 느껴 혼자 공부하기 시작했다. 혼자서 하다 보니 시행착오도 있었지만 그게 다 경험치가 되어 더 빨리 습득할 수 있었다.

나는 경매 과정을 일일이 다 기록했다. 사실 그렇게 한 건 일차적으로 나 자신을 위해서였다. 내 기억력이 그리 좋지 않기 때문에 다음에 할 때 잊어버리고 처음 겪는 일인듯 우왕좌왕하는 게 싫었다. 나는 일을 두 번 하는 걸 정말 싫어

한다. 새롭게 해야 할 일도 많은데 한 번 했던 일에 시간을 허비하고 싶진 않았다.

특히 법원에 가본 사람이라면 알겠지만 절차가 아주 복잡하다. 여기에 가면 저기로 가라고 하고, 저기에 가면 또 여기로 가라고 한다. 복잡한 절차 앞에서 헤매기 일쑤고 한없이 시간을 허비한다. 그래서 처음부터 내가 언제 다시 보더라도 이해할 수 있도록 아주 자세하게 기록했다. 한 가지 절차를 거칠 때마다 일일이 사진을 찍고 무엇을 해야 하는지 상세히 적었다. 그러고 나서 '경매 소유권 이전 혼자서 끝내기' '셀프 등기 방법' '법원 가기 전에 준비해야 할 것' 이런 식으로 직관적인 제목을 붙여두었다.

에디슨도 노트를 가지고 다니며 발명이나 연구실 운영에 관한 세부 사항, 특허법 같은 복잡한 업무를 모두 기록해 두었다고 한다. 그렇게 남긴 노트 분량이 무려 500만 쪽이 넘는다고 한다. 앞서 독서한 것을 기록하는 일의 중요성을 설명했지만 업무 기록이야말로 나의 퍼포먼스와 직접적으로 연결되기 때문에 정말 중요하다. "내 머릿속에 다 있어요"라고 말하는 사람도 있는데, 천재적인 기억력을 가진 사람이 아니라면 자신을 과신하지 말길 바란다.

# #공유가_곧_콘텐츠

더 중요한 건 이 기록이 앞서 말한 나만의 콘텐츠가 된다는 사실이다. 나는 아는 것을 모두 공개했다. 치사하게 숨기고 추가로 돈을 받는 일은 하고 싶지 않았다. 경매 물건이 얼마나 많은데 그 방법을 숨긴다고 내가 얻는 이득이 그리 크지도 않을 거라고 생각했다. 나처럼 절실한 이들에게 알려주고 다 같이 잘되는 게 더 좋지 않은가. 그리고 이 점이 나를 다른 전문가들과 차별화하는 지점이 될 수 있을 거라고 생각했다.

그래서 내가 경험한 경매 과정을 블로그에 올리기 시작했다. 소소했던 첫 경매부터 아주 자세하게 공개했다.

"고맙습니다. 많은 도움이 되었습니다."

이런 댓글이 달리기 시작했다. 내가 누군가에게 도움이 됐다는 사실이 보람차고 짜릿하기까지 했다. 네이버에 무언가를 검색해 본 사람이라면 알 것이다. 수두룩한 블로그 중에 제대로 된 정보를 전하는 블로그가 많지 않다. 광고 수익을 노리고 낚시성 글과 해시태그로 도배해서 시간 낭비를 하게 만드는 곳도 많다. 스크롤을 열심히 내렸는데 겉도는 내용만 있을 때의 허무함을 누구나 알 것이다.

내가 직접 경험한 알짜 정보를 블로그에 아주 자세히 담았다. 경매를 하려는 사람이라면 도움이 될 수밖에 없었다. 내가 경매를 아주 열심히 했기에 콘텐츠도 아주 빠르게 쌓여갔다. 갈수록 금액이 크거나 까다로운 물건을 다룬 에피소드가 나오면서 콘텐츠는 더욱 다채로워졌다. 게다가 필요한 서류까지 링크를 걸어 다운받을 수 있게 해놓았으니 사람들은 더 많이 유입됐다.

# #지식과_경험이_돈이_될_때

투자 강의를 할 때도 나는 어느 것 하나 숨기지 않고 모든 걸 알려주었다. 그러자 더 많은 사람이 찾아왔고 강의가 더 잘됐다. 내 콘텐츠를 보고 도움을 받는 사람들이 많아질수록 나의 영향력도 커졌다. 기록하면서 나도 더 정리가 되고 기억에 오래 남는 것은 물론이다.

2018년에는 한국자산관리공사가 관리하는 온비드에서 연락이 왔다. 공매를 더 많이 알리기 위해서 행사를 준비하는데 여기서 강연을 해달라는 것이었다. "저를 어떻게 알고 찾으셨습니까?"라고 물었더니 역시 블로그였다. 포털 사이트에서 '온비드 공매'를 검색하면 내 블로그 글들이 상위권에 노출되고 있었던 것이다. 이제 '온비드 대표 강사'라는 타이틀이 생겼고, '부동산 투자자 유근용'이라는 직함에 신뢰와 권위가 쌓였다. 콘텐츠를 쌓으니 또 다른 길이 열렸다.

# 나눌수록
# 성공의 크기는 커진다

경매 투자 강의를 할 때 돈 벌 방법을 왜 다 공개하느냐는 말을 많이 들었다. 혹자는 "내가 힘들게 알아낸 건데 쉽게 알려주고 싶지 않다"라고도 한다. 그 말도 이해는 하지만 이제는 감춘다고 해서 감춰지는 시대가 아니다. 중요한 내용을 빼놓으면 사람들도 다 알아챈다. '여기는 어차피 중요한 건 안 알려주네'라고 하면서 다른 데로 떠난다. 사실 내가 뭐 대단한 비밀이나 보물섬의 위치를 알고 있는 건 아니지 않은가. 내가 알려주지 않아도 다른 누군가가 다 오픈할 수 있는 세상이다. 그럼 오히려 나만 경쟁력을 잃는다.

경매, 공매, 일반 매매로 나오는 물건이 얼마나 많은데 내가 그걸 다 낙찰받을 수도 없다. 그러니 방법을 알려줘서 다 같이 잘되면 좋지 않을까. 내 강의를 듣고 수익을 남긴 사람을 보면 참 뿌듯했다. 게다가 나는 지금 시작하는 사람들보다 더 까다로운 일을 해야 한다고 생각한다. 그래야 내가 그 사람들의 롤모델이 될 자격이 있다고 본다.

## #수강생과_경쟁하지_않는다

'수강생과는 경쟁하지 않는다.'

이게 내 철칙이다. 나는 계속해서 더 높은 곳으로 올라가서, 남들이 어려워하고 힘들어하는 일들을 하기 쉽게 만들고 싶다. 그걸 다시 필요로 하는 사람들한테 제공하면 되는 것이다. 지금 운영하는 회사의 직원들에게도 마찬가지로 내 노하우를 다 알려준다. 그리고 나는 더 가치 있고 어려운 일을 한다. 앞에서 말했지만 나는 경매를 넘어 다른 곳으로 계속 뻗어나가는 중이다. 그러면서 쌓은 경험과 노하우도 마찬가지로 다 공개할 것이다. 세상은 치킨게임이 아니라고 생각하기에 모두 함께 성장해 나가길 바란다.

이연복 셰프가 요리법을 알려주는 방송을 보았다. 자신만의 비결까지 전부 공개했는데, 이런 걸 다 가르쳐줘도 되느냐, 영업비밀이 아니냐고 묻자 이렇게 답했다.

"가르쳐줘도 따라 할 사람은 많지 않아요."

사실이다. 방법을 아무리 가르쳐줘도 경매 물건을 검색하고 직접 시도해 보는 사람은 생각보다 많지 않다. 더 많은 사람이 '그렇구나. 이렇게 하는구나. 나중에 한번 해봐야지'라고 하고는 실행하지 않는다. 시도하더라도 끝까지 가보는 사람도 많지 않다. 그 과정이 지루하고 힘들기 때문이다.

또한 같은 지식을 알아도 사람마다 실행 능력은 다르다. 이연복 셰프의 레시피를 여러 사람이 똑같이 따라 해도 완전히 같은 맛이 나오진 않는다. 그간의 경험으로 쌓인 감각과 판단력 등이 받쳐 줘야 하기 때문이다.

그러니 내가 뭔가를 알고 경험했다면, 그래서 사람들과 나누고 도와줄 것이 있다면 아까워하지 마라. 내가 가진 것을 얼마나 쉽고 빠르게 전달하느냐도 나의 경쟁력이 된다.

# #함께_성장해야_크게_성장한다

우리는 인터넷으로 점점 더 가깝게 연결되고 있다. 융합이니 협업이니 하는 게 갈수록 중요해지고, 커뮤니케이션 능력이 새로운 경쟁력으로 주목받고 있다. 다른 사람을 도우면서 관계를 잘 형성하는 것, 사람들에게 좋은 이미지를 남기는 것이 점점 더 중요해질 것이다.

공개하고 나눌수록 더 잘되는 걸 나는 경험했다. 그래야 나 역시 성장한다. 나는 더 성장해야 하고 더 잘할 수 있다는 자신감이 있으니 한자리에 머무르지 않는다. 새로 시작하는 사람들이 할 수 있는 기반을 마련해 주면서 나도 더 발전해 왔다.

나한테 고맙다는 이야기를 하는 사람들이 많아질수록 나의 영역이 넓어지고 수익으로 연결될 가능성도 커진다.


사람들에게 나눠줄 것이 있는가?

누군가에게 도움이 될 수 있는가?


줄 것이 있는 사람이 되어야 나 역시 받을 수 있다.

## 5장

# 성공을 가속화시키는
# 초성장 독서법

─────────── 책과 나의 인연은 군대에서 시작됐다.

앞으로 어떻게 살 것인지에 대한 답을 찾다가 우연히 《가시고기》라는 책이 눈에 들어왔다. 생전 거들떠보지도 않던 책을 한두 장 읽은 후론 멈출 수가 없었다. 가슴이 떨렸다.

하지만 마음껏 책을 읽을 수 있는 환경이 아니었다. 선임들 눈치를 보며 군복 속에 책을 숨겨 화장실로 달려가 몰래 5분, 10분씩 읽고 나오곤 했다.

처음 소설을 읽은 것인 만큼 다음 내용이 궁금할 정도로 재미있는 건 물론이고 다양한 인생을 보여주는 게 놀라웠다. 그 다음에는 자기계발서를 보기 시작했고, 이후 인생의 나침반으로 삼을 답을 찾기 위해 1500권이 넘는 책을 읽었다.

책을 읽고 가슴이 두근거린다는 건 변화를 위해 노력할 준비가 되었다는 징조다. 책을 읽었다면 반성이나 감탄만 하고 끝내선 안 된다. 자신을 되돌아보고 깨달은 것은 반드시 행동으로 이어져야 한다.

# 5가지
# 스노볼 성공 법칙

개천에서 용 나기 힘든 시대라고 한다. 나는 그렇게 생각하지 않는다. 무자본, 무스펙, 무인맥인 사람에게도 기회가 있는 것이 지금 시대다. 무료로 얻을 수 있는 정보가 넘쳐나고, 나를 표현할 플랫폼도 많다. 내 주변에 끌어줄 사람이 없어도 온라인으로 인맥을 만들 수 있다.

이 책은 아무것도 가진 게 없는 사람이 자수성가를 하기까지 거치는 다섯 가지 법칙을 나의 사례를 통해 알려줬다. 각각의 법칙을 간단히 설명하면 다음과 같다.

# #주변_환경_바꾸기

내 생각과 행동에 영향을 주는 주변 사람, 즉 준거집단을 바꿔야 한다. 긍정적인 에너지를 가지고 변화를 위해 열심히 노력하며 성장을 멈추지 않는 사람들과 가까이하라. 인터넷으로 연결되는 시대인 만큼 온라인으로도 배울 점이 있는 사람들과 친해질 수 있다.

물리적 환경뿐 아니라 정신적 환경도 긍정적이고 발전적인 것들로 채워라. 에너지는 전염된다. 무심코 내뱉는 한숨과 부정적인 한마디가 내 열정과 의지마저 꺾어버린다.

당장 무언가를 할 수 없다면 책을 가까이하라. 책은 내게 아무것도 없어도 나를 만나준다. 좋은 책에 둘러싸여 그가 전하는 메시지에 귀 기울여라.

# #사고회로_바꾸기

이 세상에서 내가 유일하게 통제할 수 있는 건 나 자신뿐이다. 그렇다면 나를 어떻게 바꿀 것인가?

우선 자신이 어떤 사람인지, 어떤 인생을 살고 싶은지 생각해야 한다. 어떻게 하면 성공할 수 있을지 고민하는 사람은 많지만, 정작 자기 자신에 대해 고민하는 사람은 드물다. 하지만 먼저 자신을 알아야 어떻게 살고 싶은지가 나오고, 그래야 앞으로 뭘 할지가 나온다.

먼저 머릿속을 바꾸기 위해 책을 읽고 공부하라. 생각이 바뀌면 몸을 움직이기 쉬워진다. 그런 다음 목표를 세우고, 그에 따라 계획을 세워 실행해야 한다.


## #성공의_점_찍기


작은 행동부터 시작하라. 갑자기 에베레스트산에 도전할 순 없는 법이다. 매일 아침 일어나면 주변을 정돈하고 산책하라. 몸이 가벼워지면 책에서 본 것을 실행해 보라. 그렇게 점점 더 많은 일을 실행해 가야 한다.

5년 후, 10년 후를 내다보기는 쉽지 않다. 지금 상황에서 내가 할 수 있는 경험을 최대한 해보라. 그 경험들로 찍은 점이 후에 멋진 그림으로 재탄생할 것이다.

# #영향력_키우기

누구도 대체할 수 없는 나만의 가치는 하루아침에 이루어지지 않는다. 꾸준하고 부지런히 경험과 지식을 쌓고, 그것을 흥미롭게 전달해야 한다.

내가 경험한 일, 내가 아는 것을 세상 사람들이 다 알게 하라. 이걸 누가 보냐고? 누군가는 반드시 보고 있다. 별것도 아닌 걸 왜 떠벌리냐고? 그게 별것인지 아닌지는 보는 사람이 판단한다. 아무것도 아닌 것처럼 보여도 그걸 보고 도움을 받는 사람이 많아질수록 나의 영향력은 커진다.

나는 경매를 시작했을 때부터 일련의 과정을 블로그에 상세히 기록하고 공개했다. 내가 공유한 정보에 호응하는 사람들이 모이면서 더 많은 길이 열렸다. 나눌수록 커지는 기쁨을 경험했다.


## #세상과_연결하고_확장하기

어떤 분야에서 성공했다고 만족하지 마라. 멈추면 썩는

다. 나의 전문 분야에서 다른 분야로 연결하고 확장해 나가야 한다. 이때의 연결고리는 사람이다.

나라는 개인은 너무도 작다. 나 하나로는 부족하다. 자수성가를 했다는 사람도 절대 혼자 잘해서는 성공할 수 없었을 것이다. 서로의 가치를 주고받으며 함께 성장해야 나의 성공이 더욱 커질 수 있다.

환경을 바꾸고, 나를 바꾸고, 더 나아가 확장하라. 그러면 세상이 넓어지고 시야가 트인다. 나와 비슷한 친구들, 매일 똑같은 나날, 나이만 먹고 아무것도 달라지지 않는 나…. 정체되고 꽉 막혔던 내 세계가 마치 빅뱅처럼 폭발하는 경험을 꼭 해보길 바란다.

나에게 그 시작은 바로 책이었다. 이 장에서는 책에 대한 이야기를 좀 더 해보고자 한다.

# 가장 빠르게
# 환경을 바꾸는 법

사람을 만나는 데는 한계가 있다. 좋은 사람들을 찾아 나서는 데도 한계가 있고, 그중에서 나한테 도움이 되는 사람을 만나는 것도 쉬운 일은 아니다. 인연이라는 게 내 뜻대로 되지 않을 때가 많다. 혹은 너무 내성적이라 사람 만나는 게 힘들 수도 있다. 사람을 직접 만나지 않고서도 양질의 콘텐츠를 얻을 수 있는 게 바로 책이다. 사람도 만나고 책도 읽으면 더할 나위 없다.

아무것도 없던 나에게 책은 유일하게 비빌 수 있는 언덕이었다. 누구 하나 조언해 줄 사람도 없는 나에게 책은 부모이고 스승이고 친구였다. 책은 크든 작든 뭔가를 이루거나 해당 분야에서 어느 정도 성공을 거둔 사람들이 쓴다. 그 사람들의 노하우를 만 원 남짓으로, 아니 무료로도 볼 수 있는 게 책이다. 내가 마음만 먹으면 그들의 노하우와 조언을 빠른 시간에 흡수할 수 있다. 돈이 없어도 의지와 시간만 있다면 다양하게 진열된 지식들을 내 것으로 만들 수 있다.

# #서점_옆에_살았던_이유

강남 교보문고 근처에 반지하 방을 얻었다. 책을 살 돈이 없었으니 마음껏 책을 읽을 수 있는 환경이 필요했기 때문이다. 배달을 할 때도 시간만 있으면 서점에 가고, 한번 들어가면 책 한 권은 무조건 다 읽고 나오겠다는 원칙을 세웠다. 아르바이트를 할 때도 출근하기 전에 서점에 가서 조금이라도 책을 펼쳤고, 퇴근 후에도 다시 서점에 가서 책을 보며 하루를 마무리했다.

빨리 성공하고 싶다는 막연한 마음만 있었지 구체적인 계획은 없었다. 열정과 에너지는 넘치는데 내가 있을 곳도 나를 필요로 하는 곳도 없었다. 뭔가를 잡고 싶었다. 사는 게 힘들고 막막할 때마다 서점을 찾았다. 책에 나오는 질문을 나 자신에게 계속 던지다 보니 구체적인 상이 잡혀나갔다. 무엇을 할지, 어떻게 살지를 정할 수 있었다.

환경을 탓하는 건 그만두자. 물론 환경은 매우 중요하다. 그리고 환경이 나쁜 것은 내 탓이 아니니 억울한 마음이 드는 것도 이해한다. 그래도 환경 탓을 그만두자고 말하는 이유는 그래 봤자 아무것도 바뀌지 않기 때문이다. 왜 바뀌지도 않을 일에 에너지를 쓰는가.

## #독서로_환경_바꾸기_3단계

나처럼 기반과 배경이 없는 사람이 어떤 분야에서 성과를 내고 성장하기 위해서는 다음 3단계를 따르기를 권한다. 돈이나 인맥이 없이도 실천 가능한 현실적이고 효과적인 방법이라고 생각한다.

### 1) 책으로 기본 지식을 쌓는다.

**2) 전문가를 만난다.**

**3) 목표를 정하고 실행한다.**

바로 이런 방식으로 빈털터리였던 내가 자산을 쌓을 수 있었다. 결혼을 하고 부동산의 중요성을 느꼈을 때도 나는 서점으로 달려갔다. 내 주변에는 부동산에 관해 조언을 구할 사람이 전혀 없었기 때문이다. 시간만 나면 서점에 죽치고 앉아 부동산 관련 서적을 손에 잡히는 대로 읽었다.

적어도 책은 사람을 가리지 않는다. 스펙을 묻지도 않고 직업을 묻지도 않는다. 돈이 없으면 도서관에 가면 되고, 서점에 가서 살펴봐도 된다. 내가 그랬던 것처럼 말이다. 책의 내용을 받아들이겠다는 마음으로 책을 펼치기만 한다면, 책은 기꺼이 모든 것을 알려줄 것이다.

## #인맥이_없다면_만들어라

부동산 책들에는 공통된 조언이 있다. 부동산을 알려면 무조건 발품을 팔아야 한다는 것이다. 책에서 읽은 것과 현장에서 보는 것 사이에는 괴리가 있을 수 있다. 그렇다고 아무것도 모르는 상태에서 현장에 가봤자 아는 만큼만 보인다. 그러니 책으로 기초 지식을 쌓은 다음 현장에 가는 것이 좋다.

부동산과 관련된 사람은 누구일까? 바로 공인중개사다. 나는 돈이 없을 때도 집을 보고 공인중개사들과 대화를 나누면서 살아 있는 정보를 얻었다. 그전까지 나도 부동산은 돈이 있는 사람들만 할 수 있다고 생각했다. 그래서 아무것도 안 하고 한탄만 했던 때도 있다. 지나고 보니 그 시간이 참 아깝게 느껴진다. 안 된다는 것도 직접 해봐야 아는데 말이다. 그리고 의외로 되는 일이 생각보다 더 많았다. 사실 많이 읽다 보면 의식하지 않아도 행동으로 발현되는 경우도 많다.

공인중개사만 찾아간 게 아니었다. 그 무렵 경제TV를 자주 봤는데, 출연한 부동산 입지분석가에게 연락하기도 했다. 부동산 투자에 관심이 많으니 한번 만나자고 요청했고, 강남 지역을 함께 돌며 물건을 봤다.

이때 전세를 이용해 강남 신축 빌라를 살 수 있다는 걸 알았다. 양재역 근처에 있는 분리형 원룸이 2억 1800만 원에 나와 있었고 전세 시세는 2억 원이었다. 당장 계약금을 걸고 전세를 구해 잔금을 치렀다. 작은 원룸이더라도 강남에 내 이름으로 된 집 한 채가 있는 것이니 망설일 이유가 없었다. 이 집은 아직도 보유하고 있다. 작은 평수인 게 아쉽긴 하지만 미래 가치는 더 오를 것이기 때문이다.

경매를 시작할 때도 마찬가지였다. 경매에 관한 책들을 읽으면서 기본 지식을 쌓았다. 그런 다음 강의를 듣고 경매를 공부하는 사람들과 교류했다. 그리고 매일 1시간씩 경매 물건을 검색한다는 원칙을 세워 실행했다.

책을 읽으면서 사람을 만나거나 배운 것을 실천해 봐도 된다. 조금씩 행동으로 옮기면 책의 내용을 더욱 빠르게 내 것으로 만들 수 있다.

# 좋은 책에
# 둘러싸여라

군대에서 처음 《가시고기》를 읽고 나자 자꾸 책이 눈에 들어왔다. 그다음 본 책이 《어머니 저는 해냈어요》라는 자기계발서였다. 자기계발서가 이렇게 재미있고 배울 게 많다는 걸 이때 처음 알았다. 나보다 힘든 상황에 있던 사람들이 성공한 스토리는 '나도 할 수 있겠는데'라는 자신감을 북돋아 주었다. 그전에는 세상에서 내가 제일 힘들고 불쌍한 사람이었다. 그런데 여러 책을 읽어보니 내 어려움은 아무것도 아니라는 생각이 들었다.

그런 책들을 보면서 나도 목표라는 걸 세우기 시작했다.

그러면서 또 메모가 중요하다는 내용이 많아서 메모도 하기 시작했다. 그리고 더 긍정적으로 생각하려고 노력했다. 그랬더니 조금씩 독서 효과가 나타났다.

책을 안 읽어본 사람, 읽기 힘들어하는 사람은 한 권의 책을 정독 그리고 완독해야 한다는 고정관념에 사로잡힌 경우가 많다. 그래서 재미가 없고 안 읽히는 데도 꾸역꾸역 붙잡고 있다가 포기해버린다. 그러고는 '역시 책은 재미없어!'라고 단념한다.

책을 처음부터 끝까지 다 읽어야 할 필요는 없다. 그렇게 하는 게 좋은 경우는 소설뿐이다. 그 외의 책은 목차를 보고 내게 필요한 부분, 흥미로운 부분만 보고, 그다음에 더 궁금하면 나머지를 읽거나 덮어도 된다.

한 번에 한 권의 책만 읽을 필요도 없다. 내가 권하는 건 여러 책을 손에 닿는 곳마다 놓아두는 것이다. 예를 들어 책상에는 집중해서 읽어야 할 인문서를 두고, 침대 밑에는 자기 전에 가볍게 읽을 수 있는 에세이나 소설을 둔다. 가방 속에도 틈틈이 읽을 수 있는 책을 넣고 다닌다.

# #첫_책_고르는_법

책을 읽으라고 하면 이런 질문을 가장 많이 받는다.

"어떤 책을 읽어야 하죠?"

책을 안 읽어본 사람일수록 책을 고르는 요령도 없기 때문에 서점에만 가도 현기증이 난다.

나는 2002년에 책의 매력에 빠졌지만 2009년까지는 한 달에 많아야 5권을 읽었다. 독서 습관이 잡혔다고 말하기 어려운 상태였다. 그런 2009년의 내가 하루에 한 권씩 책을 읽겠다는 목표를 세웠으니 쉬울 리가 없었다. 집중력과 이해력 그리고 의지도 필요했지만 무엇보다 책에 대한 부담감을 없애는 게 급선무였다.

방법을 고민하다가 내가 펼친 책은 어린이용 위인전이었다. 초등학교 때 어머니가 책 좀 읽으라며 사주신 전집이었다. 그로부터 20년이 흐른 뒤에야 전집을 완독했다. 한 권에 100쪽 정도밖에 되지 않고 글씨도 크고 중간중간 그림도 있어서 초보자도 두어 시간이면 읽을 수 있었다.

처음에 전집을 창고에서 꺼냈더니 곰팡이가 심하게 피어 있었다. 이사 갈 때마다 어머니는 전집을 버리지 않고 창고

같은 곳에 넣어두셨다. 비싼 돈 주고 샀는데 버리기 아까우셨으리라. 나는 전집을 한 권씩 닦아가면서 읽었다. 어머니의 속을 까맣게 태워가면서도 읽지 않았던 책을 20년이나 지나 찾은 것은 책 읽는 습관을 들이기 위해서였다.

틈날 때마다 한 권씩 읽다 보니 어느 순간부터 책 읽기에 속도가 붙었다. 한 권 읽는 데 걸리는 시간이 처음 두 시간에서 40분으로 줄었다. 이해력과 집중력이 많이 향상된 것이 느껴졌다.

나는 어린이용 위인전을 대중교통을 이용할 때도 펼쳐 읽었다. 때론 주변의 시선도 느껴졌지만 개의치 않았다. 나의 부족함은 내가 가장 잘 알았기 때문이다. 남을 의식하면서 내 수준에도 맞지 않는 책을 들고만 있는 것보다 손가락질을 받더라도 내 수준에 맞는 책을 읽는 게 현명하다고 믿었다. 만약 처음부터 너무 부담되는 책을 읽었다면 지속하지 못했을 것이고 책이 오히려 싫어졌을지도 모른다. 책 읽는 습관도 들이지 못했을 것이다.

# #분야별_추천_도서

우선 책을 읽는 근육을 기르는 게 중요하다. 그러기 위해서 가장 읽기 쉬운 책부터 한 권씩 읽어보길 바란다. 분야도 흥미 있는 분야의 책으로 골라 읽으면 된다. 그러다 보면 책 읽는 재미가 점점 더 붙을 것이다. 여기서는 대표적인 세 분야에서 어떤 책을 고를지 팁을 주겠다.

## 1. 인문

인문서에는 인간과 삶에 대한 지혜와 통찰이 담겨 있다. 나는 왜 존재하는지, 세상을 살아가는 마음가짐은 어떠해야 하는지 많은 힌트를 얻을 수 있다. 인문서는 어렵다고 여기는데 초보자라면 다음과 같은 방식으로 읽어보자.

1) 어린이용이나 중고등학생을 위해 나온 책으로 시작하라. 이런 책은 쉽게 읽을 수 있고, 더 깊이 알고 싶으면 어른용으로 넘어가면 된다.
2) 해설서를 읽어라. 영화를 소개해 주는 TV 프로그램처럼 원책의 내용을 알기 쉽게 설명해 주는 책들이 있다. 이런 책을

먼저 읽으면 두꺼운 인문서도 즐겁게 독파할 수 있다.

3) 반복해서 읽어라. 처음에는 어려워 보여도 곱씹어 읽다 보면 이해가 된다. 이해 안 되는 부분은 반복해서 읽어보라.

## 2. 소설

소설을 읽으면 여러 인물을 통해 다양한 삶과 사고방식을 이해할 수 있다. 이를 통해 다른 사람을 이해하고 문제를 해결하는 법을 배울 수 있고, 삶을 더욱 풍성하게 가꿀 수 있다.

1) 영화를 고르는 것처럼 골라도 된다. 대부분의 소설은 표지에 줄거리가 간략하게 나와 있다. 재미있어 보이는 책을 고르거나 내 처지와 비슷한 이야기의 책을 골라도 좋다.

2) 어느 작가의 책이 재미있었다면 그 작가의 다른 소설을 읽어보자. 그 작가가 영향을 받은 작가가 있다면 또 그 작가의 책을 읽어보자. 이런 식으로 읽어나가면서 독서의 범위를 넓힐 수 있다.

### 3. 자기계발서

자기계발서는 주로 특정 분야나 인생에서 성과를 낼 수 있는 하우투를 담고 있다. 그렇기 때문에 책을 읽고 아무것도 하지 않는다면 소용이 없다. 그러니 마음에 와닿는 한 가지만은 꼭 실천해 보자. 해보고 아니면 그만두면 된다. 맹신은 금물이지만 실천이 중요하다.

1) 현재 내 고민이나 문제를 다룬 책을 고르자.
2) 마음을 움직이는 문장이 있다면 따로 적어두고 생활의 지침으로 삼자.
3) 책의 조언을 바탕으로 실천 계획을 세우자.

# 초보자가 책을 읽는
# 가장 쉬운 방법

책을 읽는 건 글을 읽을 줄 안다면 누구나 할 수 있다. 그런데 왜 시중에 독서법에 관한 책이 그렇게 많을까? 의외로 제대로 읽는 데는 훈련과 기술이 필요하기 때문이다. 무작정 읽는 것도 좋지만, 그랬다가 독서의 즐거움을 느끼기도 전에 지치거나 재미없다고 책을 던져버리는 사람이 많다. 하지만 책을 정말 제대로 읽으면 나에게 도움이 되는 걸 느낄 수 있고 재미도 쏠쏠하다. 책에 익숙하지 않은 사람이 어떻게 하면 책을 효과적으로 읽을 수 있을지, 내가 터득하고 효과를 본 독서법을 소개한다.

# #목차로_독서량_정하기

하루에 책을 얼마나 읽어야 할까? 매일 한 시간 또는 두 시간 읽기처럼 시간을 기준으로 계획을 세우는 사람이 많다. 그런데 이렇게 목표를 정하면 문제가 생긴다. 계획된 시간만 채우려고 내용은 뒷전이 되어 책장만 넘기기도 하고, 딴생각을 하면서 시간만 때우기도 한다.

책마다 흐름이라는 게 있는데 그 흐름을 보여주는 것이 목차다. 내용을 어디서 끊어 읽으면 좋은지 알려주는 지침과 다름없다. 이걸 무시하고 읽으면 중간에 흐름이 뚝 끊기고, 멈춘 곳에서 다시 읽으려고 하면 흐름을 다시 타기가 어렵다. 그래서 앞으로 돌아가 다시 읽으며 맥락을 잡는 일부터 다시 시작해야 하니 비효율적이다.

따라서 목차 중심의 독서 습관을 들이면 좋다. 하루에 한 챕터씩 읽는다거나 한 부씩 읽는다는 식으로 목표를 정하고 읽어보라.

# #오감으로_독서하기

한 권의 책이라도 허투루 읽지 않으려면 오감을 최대한 활용하는 게 좋다. 즉 눈으로만 읽는 게 아니라 손으로 같이 읽는 것이다. 책을 깨끗하게 모셔두려고만 하지 말고 마음껏 줄을 긋고 메모하고 색칠하라.

나는 밑줄 긋는 건 기본이고 형광펜으로 색을 칠하기도 한다. 여백에 메모하는 것도 잊지 않는다. 밑줄, 색칠, 메모용으로 각각 다른 펜을 사용한다. 서로 다른 색과 펜촉을 가진 펜을 사용해 필기감을 느끼면서 내 생각도 적다 보면 단조로운 책 읽기를 다양한 방식으로 즐길 수 있다. 이는 문구의 세계를 발견하는 즐거움을 주기도 한다.

책을 처음 읽는 사람은 눈으로 줄을 바꿔가며 읽는 것도 힘들어하는 경우가 있는데, 밑줄은 독서에 집중하는 데 도움을 준다. 마치 저자의 머릿속에 들어갔다 나온 것처럼 책과의 거리감을 좁혀주기도 하고 공부하는 느낌도 준다.

기억하고 싶거나 중요한 부분은 형광펜으로 색을 칠해두면 나중에 책을 들춰 보기만 해도 핵심을 다시 상기할 수 있다. 또 색깔은 시각을 환기해 주는 효과도 있다. 예를 들어

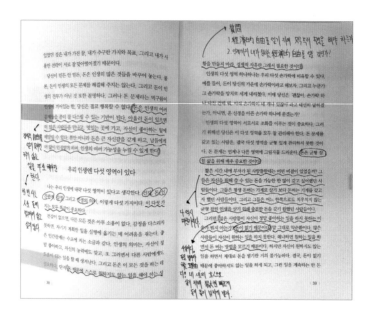

나의 경우 빨간색은 이해하기 힘든 부분, 파란색은 무릎을 탁 치게 만드는 부분 등으로 구분해서 사용한다.

여백에 내 생각을 적는 것도 중요하다. 책을 읽다 보면 질문이 생기거나 아이디어가 스쳐 지나갈 때가 있는데, 그 생각들을 붙잡아두는 작업이다. 이것은 책 쓰기나 블로그 글쓰기 등 앞으로의 준비 단계가 되기도 한다. 처음에는 단어 한두 개를 겨우 쓰거나 길어야 한두 문장을 쓸 수 있을 것이다. 그래도 키워드를 뽑고 문장을 쓰는 과정을 반복하면 내 생각을 논리적으로 끄집어낼 수 있다.

책에 읽은 날짜를 적어놓는 것도 좋다. 그 책을 읽었다는 뿌듯함을 느낄 수 있다. 나의 경우 15년 넘게 열심히 독서를 하다 보니, 예전에 읽었던 책들을 다시 들춰 보면서 그때와 지금 내 생각이 어떻게 변했는지 확인할 수 있다. 나의 성장을 확인하는 일이기도 해서 동기부여가 될 뿐 아니라 그걸 보며 생각을 더 발전시킬 수 있다. 이렇게 책을 읽으면서 생각을 정리하면 책의 정보를 온전히 흡수할 수 있다.

# #책장에_꽂지_않기

나는 책장파가 아니다. 다 읽은 책도 책상에 깔아둔다. 전에는 책장에 차곡차곡 꽂아서 말끔히 정리하려고 노력했는데 나에게 적합한 습관이 아님을 깨달았다. 책장에 책을 꽂아두는 것 자체는 문제가 아니다. 내 마음에서 그 책이 완전히 사라지는 게 문제다.

책을 항상 가까이 둬야 한다. 그래야 그 내용을 계속 상기하고, 그런 과정을 거쳐 뇌에 장기 기억으로 저장된다. 눈에 보이는 곳곳에 책이 놓여 있으면 제목이라도 반복해서 읽는다. 그러면 책 내용 역시 같이 떠올릴 수밖에 없다.

내가 말하는 책 읽기는 뭔가를 이룬 후에 우아하게 즐기는 취미가 아니다. 배우고 성장하기 위한 일종의 생존 방법이다. 뭔가를 얻고 내 안에 남기려면 그에 합당한 원칙이 필요하다. 내가 소개한 네 가지 방법을 그대로 따라 할 필요는 없다. 다른 고수들의 독서법도 살펴보면서 자신에게 맞는 방법을 차용하고 자신만의 방법을 만들어보길 바란다.

# 읽은 것을
# 내 것으로 만드는 법

처음 책을 읽기 시작했을 때는 권수에 집착했다. 무조건 많이 읽으면 좋은 줄 알았다. 하지만 그렇게 읽어봤자 기억에 남는 게 없었다. 며칠, 아니 몇 시간만 지나도 읽은 내용이 휘발되어 버린다. 심지어 이미 읽은 책을 또 사는 경우도 있었다.

엄청난 기억력을 가진 천재가 아닌 이상 한 번 읽은 내용을 다 기억하기란 불가능하다. 그리고 다 기억할 필요도 없다. 하지만 밑 빠진 독에 물 붓기처럼 책을 읽어도 남는 게 없다면 무슨 의미가 있겠는가. 그래서 처음에는 책에서 중요하다고 생각되는 부분에 밑줄을 그었다. 그리고 제일 좋았던 문장들을 노트에 옮겨 적고, 거기에 내 생각을 덧붙였다. 그랬더니 기억에 훨씬 더 오래 남았다.

책을 읽었다면 나름대로 해석을 하고 자기 의견까지 덧붙여야 비로소 내 것이 된다. 내 행동과 생각에도 영향을 주어 선순환이 일어나고, 독서에 시간과 돈을 쏟은 보람도 느낀다. 책을 읽으라고 하면 그야말로 책벌레가 되어서 책에만 파묻혀 사는 사람도 있다. 책을 읽느라 세상에 나가지 않으면 그 책은 그야말로 죽은 책이다. 소설이든 자기계발서든 나의 생각을 세상과 연결시켜 주고 확장시켜 주어야 한다. 그것이 진정한 책의 역할이다.


# #기록하기


독서법을 담은 책을 읽기도 하고 책을 많이 읽는 사람들한테 조언을 구하기도 했다. 그러면서 읽은 것을 내 것으로 만들려면 다음 두 가지를 해야 한다는 것을 알았다.

제일 중요한 것은 기록이다. 읽은 내용을 곱씹어서 내 것으로 만드는 과정이 필요한데, 이를 위해서는 글로 적어보는 게 가장 좋다. 너무 어렵게 생각할 필요는 없다. 책을 읽다가 마음을 울리는 문장을 만나면 적어둔다. 그리고 틈틈이 반복해서 들여다 보자. 수첩이나 다이어리에 기록하거나 독서 노트를 만들자. 독서 앱도 괜찮다. 앱에는 다양한 기능이 있어서 더욱 편리하게 기록을 남길 수 있다. 아날로그적인 맛을 선호하는 사람이라면 독서 노트를 쓰면서 책 읽는 재미를 높일 수 있다.

독서 일기도 좋다. 독서법을 다룬 수많은 책이 독서 후기를 써보라고 권한다. 읽은 책을 자기 것으로 만들기 위해서라고 말하는 사람도 있고, 얼마나 이해하고 있는지 스스로 확인하는 과정이라고 말하는 사람도 있다. 여기서 한 걸음 더 나아가 자신의 것을 만들어내는 과정이라고 말하는 사람도 있다. 독서 감상문은 분명 체화와 깊은 연관이 있다. 길이는 상관없다. 노트를 따로 만들 필요도 없다. 다이어리나 플래너에 간략히 적어도 된다.

아날로그 방식이 뇌 활동을 더 자극한다는 연구 결과도 있다. 일본 도쿄대학교 사카이 큐니요시 교수 연구진은 18~29세의 48명을 대상으로 가상의 대화를 읽고 기록하게

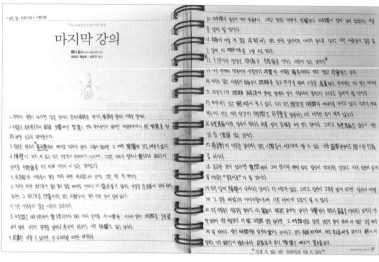

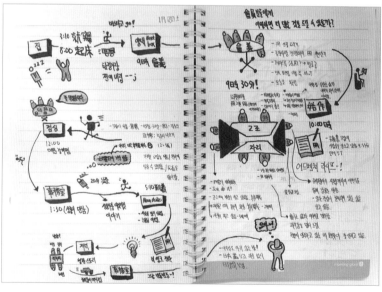

한 후 한 시간이 지나서 얼마나 기억하는지 알아보았다. 종이와 펜, 태블릿과 터치펜, 스마트폰과 터치스크린 키보드를 사용한 세 그룹으로 나누어 실험을 진행했다. 그 결과 종이와 펜을 사용한 참가자가 가장 높은 점수를 보였다. 이때 자기공명영상장치로 참가자의 뇌 활동도 스캔했는데 종이와 펜을 사용한 참가자의 뇌 활동이 제일 활발했다.

SNS에 기록하는 것도 좋은 방법이다. 앞서 말했듯 나의 모든 활동은 콘텐츠가 될 수 있기에 SNS에 기록함으로써 내 브랜드를 키울 수도 있다. 나는 독서 노트를 먼저 쓰고 SNS에 편집해 올리는 방식을 사용한다. 독서 노트는 나만 보는 것이기에 더 자유롭게 기록할 수 있기 때문이다.

독서 노트를 쓸 때는 형식에 얽매이지 말고 자유롭게 써 보자. 뭘 써야 할지 모르겠다면 다음과 같이 기록해 본다.

### 1. 마음을 울리는 문장 3~5개를 뽑아 옮겨 적는다

처음부터 욕심을 내서 너무 많은 내용을 옮겨 적으면 소화하기 힘들다. 가장 인상 깊은 문장을 추려내는 것도 훈련이다. 나도 처음에는 책에 밑줄 친 내용을 모두 옮겨 적었다. 하나라도 놓치기 싫어서 깨알 같은 글씨로 죄다 적은 것이다. 그러나 이런 식으로 적다 보면 지치기만 하고 어차피 다 기억하지도 못한다. 그러므로 5개 정도만 선별해 적겠다고 생각하는 게 좋다.

### 2. 각 문장 옆에 내 생각이나 느낌을 적는다

책 속 내용은 내 내면을 거쳐야 내 것이 된다. 나의 생각과 경험의 필터를 거쳐 무엇을 느꼈고, 그걸 바탕으로 어떻게 행동하고 싶은지 적어보자.

### 3. 이미지도 기록한다

나는 책의 표지를 프린트해서 붙여놓기도 했다. 시각화할 수 있는 그림이 있으면 그 책이 주는 에너지를 좀 더 생생하게 느낄 수 있기 때문이다. 때로는 신문이나 잡지 등 다양한 매체에 나온 좋은 글들도 출력해서 붙여놓는다. 이것은 나만의 지식 백과사전을 만드는 작업이다. 여기에도 역시 내 생각을 적어놓는다.

이렇게 기록해 두면 필요할 때마다 언제든지 다시 꺼내볼 수 있다. 절대 잊어버리지 않는 나만의 지식 창고가 생긴 것이다.

# #기록한_것_외우기

나는 이렇게 적어둔 문장들을 외우려고 노력했다. 하지만 전부 다 외우기란 불가능하니 한 책에서 핵심 문장 한두 개만이라도 확실히 외우려고 애썼다.

내가 강연을 많이 다니니 원래 그렇게 말을 잘했냐고 묻는 사람들이 있는데 전혀 그렇지 않다. 나는 말을 너무 못해서 어떻게 하면 말을 잘할 수 있을지 고민하고 연습했다. 책만 많이 읽는다고 말을 잘하는 건 아니다. 말을 많이 해봐야 한다.

그래서 좋은 문장들을 외우고 어느 상황에서 이 말들을 인용하면 좋을지 상상하면서 소리 내어 말하는 연습을 했다. 집에 들어갈 때 한 정거장 전에 내려서 메모해 놓은 좋은 문장들을 중얼중얼 읊어보기도 했다. 저녁엔 집에서 아내를 앞에 두고 물 흐르듯 자연스럽게 말할 수 있을 때까지 설명하기도 했다.

윌리엄 글래서의 학습 피라미드 이론에 따르면 인간은 능동적으로 학습할수록 더 잘 기억할 수 있다. 읽기, 듣기와 같은 수동적 학습법으로는 50% 이하의 낮은 기억률을 보이지만 토론하기, 경험하기 같은 능동적 학습법을 활용하면 훨씬 더 잘 기억한다. 능동적 학습법 중의 최고는 '다른 사람을 가르치기'로, 이 방법을 사용하면 기억률이 95%에 이른다.

누군가에게 알려준다고 상상하면서 혼자 중얼중얼 말해 보는 것도 도움이 된다. 이렇게 한 덕분에 나 역시 상황과 때에 맞는 명언이나 문장을 찾아보지 않고도 말할 수 있었다. 강의할 때 많은 도움이 되었음은 물론이고 반복해서 기억한 만큼 내 안에 깊숙이 자리 잡았다.

이런 방법은 나의 태도와 생각에도 긍정적인 영향을 주었다. 특히 《명심보감》을 반복해서 읽었는데, 거기에 '역지사지(易地思之)'에 관한 내용이 나온다. 그 내용을 기록하고 외웠더니 정말 내 태도에 변화가 나타났다. 예전 같으면 열을 냈을 상황에서도 상대방의 입장을 생각해 보게 되고, 성격도 더 온화해졌다.

# 결코 멈추지 말아야 할 질문 '어떻게 살 것인가'

얼마 전 열심히 노력한 나에게 선물을 하고 싶어 명품숍에 갔다. 그런데 사고 싶은 게 없었다. 언제든지 살 수 있기 때문이다. 뭘 사도 만족감이 예전 같지 않다. 이제는 더 높은 가치를 추구해야 할 때임을 깨달았다.

나는 혼자 성공한 게 아니다. 나를 찾아준 수많은 사람 덕분에 성장할 수 있었다. 앞으로는 어떤 일을 해야 내가 정말 더 즐겁고 보람 있게 살 수 있을까를 고민했다. 어떨 때 내가 가장 행복한가를 생각해 보니, 누군가에게 고맙다는 이야기를 들을 때가 가장 행복하다는 사실을 깨달았다.

# #나와_같은_아이들을_도울_수_있다면

불우한 내 어린 시절을 떠올리며 해외 아동들을 돕다 보니 어느새 40명까지 후원을 했었다. 보육원에서도 정기적으로 봉사를 한다. 그러다 보육원 아이들의 자살률이 높다는 걸 알았다. 성인이 되어 보육원을 나오면 살 길이 보이지 않아 스스로 목숨을 끊는 것이다. 나 역시 학교라는 울타리에서 벗어나 사회에 나왔을 때 막막함을 느꼈는데 부모가 없는 아이들은 오죽할까.

한 달에 한 번 가는 봉사로 해결될 문제가 아니라는 생각이 들었다. 그 이후로 어떻게 장기적이고 거시적으로 도와줄 수 있을지 고민했다. 우선은 주거가 안정되어야 했다. 내가 명색이 부동산 전문가 아닌가. 다가구주택이나 빌라를 낙찰받아서 아이들이 거주할 수 있는 삶의 터전을 마련해 주면 어떨까?

아이들이 스스로 살아갈 수 있는 환경도 필요하다. 프랜차이즈 사업을 통해 아이들이 스스로의 힘으로 돈을 벌고 생활할 수 있도록 돕는 건 어떨까? 자본주의 사회에서 단순 노동으로 버는 돈만으로는 버티기 힘들다. 그러니 내가 어렸을 때 알았다면 좋았을 경제와 투자에 대한 공부를 가르치면 어떨까. 아이들이 자립할 최소한의 능력을 갖출 수 있지 않을까.

이렇게 도움을 받은 아이들은 그보다 어린 두세 명의 아이들의 멘토가 되어 이끌어주는 시스템을 만들면, 자신이 받은 것을 다른 사람에게 줄 수 있다는 기쁨도 느낄 수 있을 것이다. 내가 할 수 있는 범위 내에서 아이들을 도와줄 수 있는 방법과 이를 보다 잘 실행할 수 있는 방법을 여러모로 고민하고 있다.

# #도울_수_있다는_기쁨

나도 한부모 가정에서 자랐다. 특히 우리 어머니처럼 여성이 자녀를 키우며 사는 것이 얼마나 힘든지를 지켜봤다. 엄마도 힘들고 자녀도 힘들다. 그래서 어머니들이 마음 놓고 일할 수 있고 자녀들도 잘 성장할 수 있도록 지지해 줄 수 있는 기반을 만들고 싶다. 그러려면 다양한 사업을 펼쳐서 일자리를 많이 만들어야 한다.

조언을 얻기 위해 사단법인 한부모가족회 한가지 대표를 만났다. 그는 중고생에게 용돈을 주는 사업도 하고 있다. 이러한 비영리단체가 많이 있을 테니 연계해서 사업을 진행하면 좋겠다고 생각했다. 내가 만든 법인들의 수익 일부를 기부함으로써 아이들을 지원하는 것이다.

이런 생각의 흐름으로 사단법인을 설립할 준비하고 있다. 물론 첫 시도인 만큼 어려움도 있을 것이다. 나는 사고만 치고 사회에 악영향을 끼치면서 살다가 책과 사람을 통해 변화했다. 그리고 이제는 많은 사람에게 꿈과 희망을 선사하면서 경제적으로 도움을 줄 수 있는 능력을 갖췄다.

이로써 내 인생의 최종 목표이자 철학이 생겼다.

'나의 강점을 바탕으로 내 일을 잘해냄으로써 타인과 사회를 아름답게 만든다.'

자산이 불어나기 시작하면 어느 순간부터는 돈으로 채워지지 않는 것이 있다. 그 텅 빈 자리는 나눔으로 채워진다. 누군가에게 나의 말이 도움이 되었다고, 고맙다는 이야기를 들을 때가 가장 행복하다. 나도 힘들게 살았지만 나보다 더 힘들게 사는 사람이 많다는 걸 알고 있다. 그런 사람들의 빈 곳을 내가 조금이나마 채워줄 수 있다면 좋겠다.

# #어떻게_살_것인가

간혹 학교에 강연을 갈 때가 있는데 고등학생이든 초등학생이든 인생 목표가 뭐냐고 물으면 "선생님이 되고 싶어요" "공무원이 되고 싶어요"처럼 직업으로 말한다. "건물주가 되고 싶어요"라든가 "돈을 많이 벌고 싶어요"라고 말하는 친구들도 있다. 학생뿐 아니라 성인도 직업이나 명사로 인생 목표를 정한다.

그러나 이렇게 무엇이 '되겠다'로 목표를 정하면 문제가 생길 수 있다. 열심히 해서 목표를 이루면 좋겠지만 인생이 어디 마음대로 되겠는가. 이루지 못하는 경우도 충분히 있을 수 있다. 그러면 그 목표에서 좌절했을 때 상실감이 굉장히 크다. 다른 길은 없는 것 같고 쓸모없는 인간이 된 것 같은 기분이 든다. 예를 들어 10년간 운동선수를 꿈꾸며 살아오다가 부상을 당해서 꿈이 좌절되면 뭘 해야 할지 모르고 방황할 수 있다.

그러므로 내가 '무엇이 되겠다'가 아니라 '어떻게 살겠다'로 인생의 최종 목표를 정해야 한다. 굳이 선생님이 안 되고 건물주가 안 되더라도, 지금 당장 돈을 잘 벌지 못하더라도 내가 가진 능력으로 누군가에게 도움이 되는 삶을 살겠다는 최종 목표를 정했다면, 실패에 맞닥뜨리더라도 또 다른 질문을 던지면서 어둠의 터널을 헤쳐 나올 수 있다. 목표에 대해서는 책의 제일 앞부분에서 말했지만 중요한 이야기이기에 또 한 번 강조한다.

불과 몇 년 전만 해도 죽지 못해 살던 사람이 나라는 게 믿기지 않는다. 좋은 운을 타고나지 못한 내가 바꿀 수 있는 건 없다고 생각했다. 무력감에 빠졌고 현실을 회피했다. 내가 아무것도 하지 못했던 건, 내가 바꿀 수 없는 것만 바꾸려고 했기 때문이다. 하지만 나를 바꾸고 주변을 바꾸기 시작하자 어느 순간 내 세상이 바뀌기 시작했다. 그리고 그 변화의 속도도 갈수록 빨라졌다.

나는 이제 내가 바꿀 수 있는 게 생각보다 많다는 걸 안다. 문제는 지레 겁을 먹고 시도조차 하지 않거나 한 번에 너무 많이 바꾸려고 하는 것이다. 하지만 내 하루를 바꾸는 건 비교적 쉽다. 그런 하루하루가 쌓여 내가 변하고 인생이 변한다. 과거는 이미 지나갔고 미래는 아직 오지 않았다. 우리가 최선을 다해야 하는 순간은 바로 지금이다.

千思不如一行

천 사 불 여 일 행

천 번 생각하는 것보다 한 번 행동하는 것이 더 중요하다.

# 나의 하루는 세 번 시작된다

30대 배달 알바에서 100억 사업가가 된 초성장의 비밀

**초판 1쇄 발행** 2023년 10월 25일
**초판 2쇄 발행** 2023년 11월 6일

**지은이** 유근용
**펴낸이** 김선식

**경영총괄** 김은영
**콘텐츠사업2본부장** 박현미
**책임편집** 김현아 **디자인** 마가림 **책임마케터** 박태준
**콘텐츠사업5팀장** 차혜린 **콘텐츠사업5팀** 마가림, 김현아, 최현지, 남궁은
**편집관리팀** 조세현, 백설희 **저작권팀** 한승빈, 이슬, 윤제희
**마케팅본부장** 권장규 **마케팅4팀** 박태준, 문서희
**미디어홍보본부장** 정명찬 **영상디자인파트** 송현석, 박장미, 김은지, 이소영
**브랜드관리팀** 안지혜, 오수미, 문윤정, 이예주 **지식교양팀** 이수인, 염아라, 김혜원, 석찬미, 백지은
**크리에이티브팀** 임유나, 박지수, 변승주, 김화정, 장세진 **뉴미디어팀** 김민정, 이지은, 홍수경, 서가을
**재무관리팀** 하미선, 윤이경, 김재경, 이보람, 임혜정
**인사총무팀** 강미숙, 김혜진, 지석배, 황종원
**제작관리팀** 이소현, 최완규, 이지우, 김소영, 김진경, 박예찬
**물류관리팀** 김형기, 김선진, 한유현, 전태환, 전태연, 양문현, 최창우, 이민운
**외부스태프** 조창원

**펴낸곳** 다산북스 **출판등록** 2005년 12월 23일 제313-2005-00277호
**주소** 경기도 파주시 회동길 490 다산북스 파주사옥
**전화** 02-704-1724 **팩스** 02-703-2219 **이메일** dasanbooks@dasanbooks.com
**홈페이지** www.dasan.group **블로그** blog.naver.com/dasan_books
**종이** 아이피피 **인쇄·제본** 정민문화사 **코팅·후가공** 제이오엘앤피

ISBN 979-11-306-4715-9 (03190)

다산북스(DASANBOOKS)는 독자 여러분의 책에 관한 아이디어와 원고 투고를 기쁜 마음으로 기다리고 있습니다. 책 출간을 원하는 아이디어가 있으신 분은 다산북스 홈페이지 '투고원고'란으로 간단한 개요와 취지, 연락처 등을 보내주세요. 머뭇거리지 말고 문을 두드리세요.